图说 历史丰碑

开元盛世

李默/主编

广东旅游出版社
GUANGDONG TRAVEL & TOURISM PRESS
悦读书·悦旅行·悦事人生

中国·广州

图书在版编目（CIP）数据

开元盛世 / 李默主编 . — 广州 : 广东旅游出版社，
2013.10（2024.8 重印）
ISBN 978-7-80766-668-4

Ⅰ . ①开… Ⅱ . ①李… Ⅲ . ①中国历史—唐代—通俗
读物 Ⅳ . ① K242.209

中国版本图书馆 CIP 数据核字 (2013) 第 221349 号

出 版 人：刘志松
总 策 划：李　默
责任编辑：何　阳
装帧设计：盛世书香工作室　腾飞文化
责任校对：李瑞苑
责任技编：冼志良

开元盛世
KAI YUAN SHENG SHI

广东旅游出版社出版发行
（广东省广州市荔湾区沙面北街 71 号首、二层）
邮编：510130
电话：020-87347732（总编室）　020-87348887（销售热线）
投稿邮箱：2026542779@qq.com
印刷：三河市嵩川印刷有限公司
　　　（河北省廊坊市三河市杨庄镇肖庄子村）
开本：650×920mm　16 开
字数：105 千字
印张：10
版次：2013 年 10 月第 1 版
印次：2024 年 8 月第 3 次印刷
定价：45.80 元

出版者识

　　《图说历史丰碑》是一部全景式图文并茂记录中国文明历史的大书。出版者穷数年之力，会集各方力量——专家、学者、编辑、学术顾问们，在浩如烟海的历史档案、资料、著作中，探珍问宝，追寻中华文明在悠悠历史长河中的灿烂之光。此书的出版，凝聚了编撰者的心血，学术顾问们的智慧。尤其是李学勤先生，亲自动笔写下了序言，更增加了本书沉甸甸的分量。

　　中华文明的历史充满了辉煌与苦难，成就和挫折。它的历史无处不在，决定着我们中国人今天的思想和感情。当今的中国和中国人是中华文明的历史造就的，是中华文明的历史的延伸，也是它的一个组成部分，中华文明的历史之河奔流到现在。

　　中华文明是人类历史上最伟大的文明之一，是人类文明发展的主要构成。中华文明丰富、深刻、辉煌、博大，在人类文明中的骨干作用和领导作用人所共知。在人类文明的发源时期，中国就是四大古国之一，是地球上文化的策源地之一。在人类文明的早期，中华文明成为文明在东方的支柱，公元前后 200 年间，人类的汉帝国与罗马帝国这两只铁手攫住了地球。在欧洲进入中世纪的时候，中华文明更成为人类文明最主要的领导，它的文明统治东亚，传遍世界。进入近代，中华文明处于自身的重压和西方的欺凌下，但中国人民的斗争史和奋起精神是人类文明历史中不可缺少的一页。

　　五千年的中华文明为人类贡献出了从思想家孔子到科学技术的四大发明、从唐诗宋词到长城运河的伟大创造，贡献出了从诸子百家到宋明理学，从商周铜器到明清文学的深刻内涵，也贡献出了从五霸七强到三国纷争、从文景之治到十大武功的辉煌历史。中华文明的历史绚烂多彩，在人类文明的历史长河中永放光芒。

　　中华文明也是人类历史上最独特的文明，没有哪一个文明像中华文明这样持久，这样统一一致。世界上其他文明不但互相交错，其创造者也都与高加索体质的人种有关，它们是姐妹文明。在人类历史中，只有中华文明才是独特的，它的创造者是中国土地上的中国人民，与其他任何地方的人民都没有关系，它的文化是统一一致的文化，可以不依赖于其他任何文明而生存，但中华文明也绝不是封闭的，它接受他人的文化，也承担自己对于人类的责任。

　　人类进入新世纪，中国的社会经济发展令世人瞩目。人们对于世界未来的政治和经济结构的估计无不以东亚和太平洋为中心，而尤以中国为重点。

经济起飞只是当代中国的一个方面，中国的精神文明的建设尤为刻不容缓。如果中国要自觉地发展中华文明，要有意识地使中国的发展具有世界意义，就必须发展强有力的精神文化，这样才能使中华文明的发展进入一个新的阶段，才能形成中国和中华文明的全面现代化。

而中国的精神文化的发展植根于中华文明的伟大传统之中。进入近代之后，在西方文化的冲击下，对于中国文化的价值产生大量的情绪化和激烈冲突的论调。"五四"运动打倒孔家店的口号具有冲破封建束缚的时代意义，对中国文化的发展有不容否认的正面意义，与文化虚无主义是完全不同的。文化虚无主义者否定中国传统文化，在现代化的旗帜下主张全盘西化；而复古主义则沉迷于中国文化的古董，走进反进步、反科学的泥潭。

历史的发展则超越了所有这些论点，产生这些论调的一百多年来的中国近代史已经结束。历史要求中国发展，要求中国走在全世界发展的前列。西化论和复古论都已过时，历史已经要求世界超越西方，中国可以承担起世界的命运，而中国的现实和世界的历史都说明，中国的使命在于它的发展前进，而非倒退。

中华文明走出迷惘的时代，我们这一代处在一个伟大而具有挑战的历史阶段。

总结历史、展望未来，这就是《图说历史丰碑》的意义和使命。我们创作《图说历史丰碑》，力求总结和回顾中华文明的全貌，在内容和形式上都开创一个新的局面。在内容结构上，既具有一定的深度，又具有相当的广博性，既有严谨、准确的学术价值，又有活泼、流畅的可读性。我们在本丛书内容纳了中华文明的各个方面，使它综合了大规模学术著作的系统性、严密性和普及读物的全面性、简易性，它既可作为大型工具书检索中华文明的各个成分，又可作为通俗的读物进行浏览。

我们从上世纪90年代初起就开始思考中华文明的历史和现实问题，并逐渐形成了编著《图说历史丰碑》的设想。在开展这项庞大的文化工程之始，我们就聘请了国内权威学者李学勤、罗哲文、俞伟超、曾宪通、彭卿云诸先生担任学术顾问，他们对计划作了充分讨论，并审阅了大量初稿。我们聘请了广州、香港地区的社会科学学者、大学教师、研究生以及我社编辑人员几十人担任稿件的撰写工作。

通过创作这部书，我们深深地感受到了中华文明的博大精深，也感受到了它的内在缺陷。中华文明具有辉煌的时期，也有苦难的年代，有它灿烂的成就，也有其不足的方面。中华文明在自身中能够吸取充分的经验和教训，就能够使自身健康壮大，成长发展。

通过创作这部书，我们也深深感受到了出版事业的使命和重任。我们希望这部书能受到广大读者的喜爱，起到它所应当起的作用。为中华文明的反省、前进和奋起作一点贡献。

目 录

唐玄宗即位

唐延和元年（712）八月，李隆基即位，改元先天，是为唐玄宗。

李隆基（685～762），唐睿宗李旦的第三个儿子，唐朝第七代皇帝。他性格果断，英武有才略，而且多才多艺，尤其擅长音律，最先被封为楚王，后改封为临淄王。景云二年（711），隆基与其姑母太平公主发动政变，诛杀韦后、武后之余党，拥其父李旦即位，隆基因除韦后有功被立为太子。

《明皇调马图》。唐玄宗李隆基，又称唐明皇，712～756年在位。当政初期任用姚崇、宋璟为相，改弊端，社会经济持续发展，被旧史家称为"开元之治"。

　　延和元年（712）七月，彗星出现于西方，经轩辕入太微至大角，太平公主于是遣方士进言李旦："彗星是预示当除旧布新之星；彗星一出，帝座也随之变位，这显示太子应为天子了"（意即太子将弑君篡位）。李旦不明此意道："传位于太子可以避灾，我已经下了决心了。"李隆基知道后，急忙入宫，叩头道："我功劳微薄，却越过诸位兄弟成为太子，已经觉得日夜不安了，不知陛下为何这样着急要退位？"李旦说："我之所以得天下，都是因为你的缘故。现在帝座有灾，所以传位于你，转祸为福，你怀疑什么？"隆基仍苦苦推辞，李旦说："你是孝子，为什么非要等我死后在枢前即位呢？"太子只好流泪退下。太平公主及其同党亦力谏皇帝，认为不可让位，但是李旦不准。于是唐睿宗李旦于七月二十五日下诏正式传位于太子。八月三日，李隆基（玄宗）即位，尊睿宗李旦为太上皇帝。自此，上皇李旦自称为"朕"，命为"诰"，五月一日受一次朝于太极殿；李隆基则自称为"予"，命为"制"，每天受朝于武德殿。太平公主劝李旦，虽然传位，但仍宜主大事，所以三品以上官员的任免或重大刑事案件仍由上皇裁决，其余政事则均由皇帝李隆基裁决。八月七日，唐玄宗李隆基改元为先天，大赦天下。

太平公主谋反被诛

先天二年（713）七月三日，太平公主谋反被诛。

太平公主是高宗的女儿，为武后所生。睿宗时，太平公主权势甚大，宰相 7 人中有 5 人出自公主门下，公主擅权用事、把持朝政，文武大臣大多附

唐驼鸟石刻

唐武臣立像（局部）

从。先天二年（713）六月，太平公主与宰相窦怀贞、肖至忠、崔湜、岑羲及太子少保薛稷、左羽林大将军常元楷、中书舍人李猷等人合谋发动政变，企图废掉李隆基。公主又与宫女元氏密议在赤箭粉中下毒，毒死玄宗。七月初，李隆基获密告得知太平公主将于本月四日作乱，于是命令羽林军突入武德殿等候调遣，窦怀贞、肖志忠、岑羲等在南牙举兵对抗，玄宗令羽林军300余人自武德殿出击，捕杀太平公主党羽。太上皇闻变，乃下诰宣布怀贞等罪状，并将薛稷赐死于狱中。同时下诰说，从今往后，所有军国大事，全凭玄宗皇帝处置，自己要净心养身，不再过问政事了，然后上皇迁居百福殿。从此，玄宗便完全掌握政权了。太平公主在玄宗捕杀其党羽时逃入山寺，三天后才出来，被玄宗赐死于家中。除薛崇简外，太平公主的儿子们都被处死。太平公主的同党，窦怀贞被改姓为"毒"，王晋改姓为"厉"，以作为惩罚。宦官高力士因诛逆有功被破格任命为右监门将军知内侍省事。宦官之盛也从此开始。

法藏创建华严宗

　　唐朝中期，法藏创建华严宗，该宗因奉持《华严经》而得名，又因其创始人法藏被武则天赐名"贤首"，亦称贤首宗。此宗弘扬"法界缘起"论，故又称法界宗。《华严经》是印度大乘有宗的经典，所以华严宗同唯识宗一样，以发挥有宗一系的思想为旨趣，同继承空宗思想的三论宗相区别。

　　法藏之前宣扬《华严经》的法师有杜顺（557 ~ 640）和智俨（602 ~ 668）。法藏是华严宗的实际组织者，生于唐太宗贞观十七年（643），卒于唐玄宗先天元年（712）。法藏原籍西域康居（今乌兹别克共和国撒马尔罕一带），祖父迁至长安定居。他17岁从云华寺智俨大师学习《华严》一类经典。28岁奉武后之请到太原寺讲经，后奉敕入宫为武则天讲十玄六相义旨，他指金狮子作喻，成《华严金狮子章》。至此华严宗承武后信奉、提倡，在中唐盛极一时，观门、教相皆建立周备，法藏门下人才辈出，慧苑、智超等都对华严宗有所发展。慧苑、法铣以后，华严四祖澄观（736 ~ 839）以纠正歧义、恢复法藏时代华严原貌为己任，在社会上引起广泛影响。澄观弟子宗密（780 ~ 841）提倡华严宗与禅宗思想融合，宗密死后唐武宗灭佛，华严宗从此衰落下去，到五代和宋明时期虽有传人，但影响甚微。

　　华严宗建立"五教十宗"的判教体系，"五教"指小乘教、大乘始教、大乘终教、大乘顿教、大乘圆教。华严宗以代表佛教最高水平的大乘圆教自居。该宗的基本理论是"法界缘起"说，它以"一多相摄"、"六相圆融"等范畴阐明诸法皆无自性，同时说明万法不可分割，相互关联，相互映照。华严宗进而强调佛国不离现世，成佛也不必离境他求，只要通过诵经、坐禅等方法，即可达到涅槃。

封大祚荣为渤海郡王

先天二年（713）二月，唐设置忽汗州，封大祚荣为渤海郡王。

总章元年（668）唐灭高丽后，在平壤城内设置安东都护府。高丽旁支大祚荣聚众迁居营州。武后通天元年（696），契丹松漠都督李尽忠谋反，大祚荣见原地不能再住下去了，又与靺鞨乞四北羽聚众东迁，凭借天险固守。唐军将领李楷固率军讨伐，杀死乞四北羽，却被大祚荣击败。此后，大祚荣率众在距营州2000里的东牟山筑城自守。大祚荣智勇双全，高丽人、靺鞨人纷纷投奔他，很快这里就发展成占地2000里，有户10万余，士兵数万人的大部落了。大祚荣自称为振国王，又依附于突厥，势力日益强大。中宗曾派侍御史张行岌招慰大祚荣，大祚荣也派他的儿子朝见中宗。玄宗即位后，对大祚荣继续招抚，于先天二年（713）二月封大祚荣为左骁卫大将军、渤海郡王，以其部所在地为忽汗州，任命大祚荣兼都督之职。从此，大祚荣专称其国为渤海。渤海建立后，按唐制建立政治、经济制度，并使用汉文字。玄宗以后，渤海经常派人到长安朝贡，请封号，并多次派学生到京师太学学习。大祚荣于开元七年（719）三月去世，玄宗命其子大武艺袭位。后来，渤海为契丹所灭（926），契丹太子耶律倍为东丹王。

禅宗分化为五家七宗

禅宗是彻底中国化了的佛教流派。由六祖慧能所创源，被称为"南顿"一系，以与神秀所代表的"北渐"一系对立。慧能所著《坛经》是中国僧人撰写的唯一可以称"经"的佛教著作。713年，慧能去世，他所创禅宗迅速分化，形成了五家七宗等佛教流派。

所谓五家，乃是慧能门下两大弟子湖南南岳怀让和江西青原山行思两人在慧能身后继续宣扬禅宗，前者后来分化为沩仰和临济两家，后者分化出曹洞、云门和法眼三家，合称五家。宋代临济一系又分化出杨歧、黄龙两派。合称"五家七宗"。

南岳怀让和青原行思都是慧能门下高徒，继承了慧能所创禅理，后来分别于南岳般若寺观音台和江西青原静居寺传教多年。沩仰宗开创者为灵佑（721～853），他和其弟子慧寂（807～883）分别在湖南沩上和江西仰山传教，所以称"沩仰宗"。滹沱河边临济院主持义玄（？～867）也是怀让弟子，他开创"临济宗"。"曹洞宗"是由良价（807～869）在江西洞山开创，并由其弟子本寂（840～901）在江西曹山弘扬的禅宗流派，"云门宗"的"云门"指广东韶关云门寺，文偃（864～949）在此传播禅宗，自成一派，故称"云门宗"。金陵清凉院的文益（885～958），在禅宗传播中自成系统，因而被谥为"大法眼禅师"，其所开创的派系被称为法眼宗。

五家七宗中，沩仰、临济、曹洞三家产生于晚唐，云门，法眼形成于五代。北宋时，临济宗继分化为杨歧派和黄龙派，它们分别由方会（992～1049）在江西扬歧山和慧南（1002～1069）在江西黄龙山开创。

佛教经慧能改革以后，与中国传统思维方式高度冥合，更易为中国士人所接受。是佛教世俗化的开端，它极力缩小天国与现世之间的距离，宣扬"放下屠刀、立地成佛"，似乎佛与凡夫只在一念之差，轻蔑传统的教规、教仪，直接导致了后世禅宗的"呵佛骂祖"，实际上是佛教走向解体的开端，慧能实质上是佛教传播的一个破坏者，所以，在他身后，他所创禅宗迅速分化。各派虽都奉慧能《坛经》为基本教义，主旨大致相同，但却融入了自己时代的不同精神，包含了时代对宗教的某些影响，从而对禅宗的基本思想的表达方式各有不同，形成了不同的"门庭"和家门，因此，众门派林立。

破突厥于北庭

　　开元二年（714）二月七日，突厥首领默啜派遣他的儿子同俄特以及妹夫火拔颉利发、大将石阿失毕率领突厥大军进犯大唐边境，包围了北庭都护府（治庭州，今新疆乌鲁木齐县），情形十分危急。

　　当时宋城的大将是唐代有名的都护郭虔瓘。面对来犯强敌，郭虔瓘镇定自若，率众军士奋起抗击。突厥军久攻北庭不下，益发暴躁。同俄自恃一身武功且本方军力强大，根本不把唐军放在眼里，经常单枪匹马杀到城下向城内大骂叫嚣，郭虔瓘便设计在路边埋伏强壮的军士待同俄来时突然出击将其斩杀。突厥军闻知大乱，便请求愿意用军中全部的辎重和粮草来赎回同俄。得知同俄已被杀死，突厥来使恸哭而归。突厥大将石阿失毕见损失了默啜的爱子同俄，非常恐慌，知道默啜不会轻饶自己。

　　经过再三思忖，石阿失毕和妻子于二月二十五日率部投奔了唐军。突厥军队失去大将，军心涣散，都护郭虔瓘立即率大军出城。一举击溃敌军，突厥军在火拔颉利发的带领下退逃而去。唐军大捷后，郭虔瓘受到玄宗的嘉奖，并被皇帝封为左羽林大将兼安西大都护、四镇经略大使；石阿失毕则被封为右卫大将军、燕北郡王，其妻为金山公主。

唐"三内"完成

隋唐王朝积全国之力，在长安城内营筑了辉煌壮阔的宫殿建筑群。714年，兴庆宫落成，至此，长安城内有了三处著名的宫殿区：太极宫、大明宫、兴庆宫，又称"三内"。

太极、大明、兴庆三处宫殿区，耗资极大，占地极广，且风格各有千秋：太极宫庄重威严，大明宫宏伟雄壮，兴庆宫富丽堂皇。"三内"是唐朝统治者生活和处理政事的地方，也是大唐帝国的统治中心。

太极宫又称西内，始建于582年，原名大兴宫，唐朝后改名为太极宫，位于长安城中轴线北端，占据宫城的大部分。中心部分根据轴线对称的原则，呈纵列布置了承天门、太极殿、两仪殿等十数座门殿建筑，根据《周礼》中的三朝制度，以宫城的正门，即承天门为大朝，逢国家大典之日，皇帝在此接受群臣朝贺，太极、两仪二殿为日朝、常朝之处，皇帝在此接见文武百官，处理朝政。在中轴线的两侧，对称布置了数座门、殿，构成太极宫威严庄重的宫殿建筑群。

大明宫，始建于贞观十七年（643），宫址在长安城东北龙首原上。武则天执政后，大肆兴建宫殿和宫苑，沿中轴线依次布列大朝含元殿，日朝宣政殿，常朝紫宸殿，在后部及两侧建造殿、阁、楼、台30余处，在北部开凿太液池，池中建蓬莱山，池周围建周廊四百间，以此做为大明宫的宫苑区。由于大明宫适于宫廷警卫，可掌握京城全局，从663年开始，唐统治者把听政的地点，由于太极宫迁移到大明宫，从此，这里成为唐代主要朝政的场所。

含元殿是大明宫的正殿，也是唐代最雄伟壮丽的宫殿组群。大诗人王维"九

唐《弈棋仕女图》（部分）。绢本设色。人物线条刚劲均匀，赋彩单纯明丽，并加以晕染，特
别是夹棋欲置的手指和全神贯注的生动神态描绘得维妙维肖，具有典型"曲眉丰颊、肌胜于骨"
的唐代画风，也是唐代仕女画的代表作。

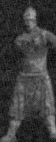

天闻阖开宫殿，万国衣冠拜冕旒"的诗句，生动地描述了含元殿当年的盛况。含元殿以其气势恢宏的艺术构思，严整对称的布局，富丽辉煌的色彩，体现了盛唐时期热烈奔放的气魄和雄宏的建筑风格。另外，含元殿与其后的宣政、紫宸殿三殿相重，附会"三朝"的布局形制，对以后各代的宫殿布局制度产生了深远的影响。麟德殿也是大明宫另一处重要宫殿群。是皇帝接见外宾、饮宴群臣、进行游乐和作佛事等活动的地方。

　　兴庆宫，是唐玄宗于714年，即开元二年在其旧宅兴庆坊修建的另一处宫殿区，又称南内。兴庆宫是以园林为主，将宫殿与园林有机结合在一起的宫苑区。兴庆宫的布局不强求轴线对称，殿阁楼台错置其间，建筑装饰瓦件丰富多彩，从考古发掘的资料统计，莲花瓦当就多达73种，在宫南部还发现大量黄绿琉璃瓦碎片，说明兴庆宫的建筑豪华富丽远在大明宫之上。兴庆宫内引龙首渠及隆庆坊水，开掘18万余平方米的龙池，临龙池建亭廊楼阁，在龙池西南就发掘出17处建筑遗址，平面形式多样，布局自由，建筑间有曲折游廊相接。龙池周围，殿阁相映，垂柳云飘，笙歌画船，波光花影，反映出唐代统治者日益奢靡淫逸的生活，初唐时那种蓬勃进取的精神几乎消磨殆尽。唐三内，是劳动人民伟大智慧和才能的结晶，反映出唐代建筑技术的成就和水平。

姚崇治蝗

唐开元四年（716），山东发生蝗虫灾，老百姓因受迷信思想影响，不敢捕杀蝗虫，只是烧香礼拜，祈求上天救治虫灾。唐玄宗和很多官吏也以为蝗灾是由"不德"造成，是天灾，想以"修德"来治虫害。宰相姚崇力排众议，提出用"篝火"诱杀和"开沟陷杀"相结合的方法来除蝗，并派出大批御史，奔赴各地治蝗。但这一措施首先遭汴州刺史倪若水的反对。他以历史上治蝗失败的事例来鼓吹"德化"之说，抗拒御史的治蝗督促。姚崇警告倪若水不捕蝗，将依法予以治罪，最后倪若水只得听命，捕蝗 14 万石，成绩显著。姚崇的治虫主张还遭到满朝文武的反对，但他坚持己见，利用昆虫的趋光特性，

唐代宫苑。图中亭台楼阁、假山水澈构成优美的环境。

诱杀蝗虫，终于战胜了虫害，保证了那年没有发生饥荒。

　　姚崇和其他官吏在治蝗问题上的斗争，实质上是自汉代以来唯物和唯心思想斗争的延续。孔子主张"天命论"，认为"天灾地妖，所以儆人君也"。西汉的董仲舒加以发挥，说蝗虫和其他虫害发生的原因，是由于"三纲五常"的败坏，只有"修德"，整顿"纲常"才能消除。郑玄也认为只要皇帝有"修养"，害虫会自行消亡，这些是所谓"以德避虫害"的唯一主张。而东汉思想家王充在《论衡》中，明确指出害虫发生有其自身的规律性，并总结了群众的防治经验。姚崇治蝗正是坚持了蝗虫应治和可治的唯物思想，并学习历代治蝗的经验，不仅战胜了虫害，而且为后世树立了楷模。他的治蝗成绩对于反对汉代以来以德化避虫害的唯心思想也起到了重要的作用。

姚崇像

唐代皇城图

宋璟继姚崇为相

开元四年（716）闰十二月，宋璟继姚崇为相。

姚崇（330～393），陕西硖石（今河南三门峡南）人，他非常有才智，崇尚气节，历任武后、睿宗李旦及玄宗李隆基三朝宰相。他本名元崇，武后时改名元之。睿宗时，因奏请将太平公主迁居东都，被贬职。开元初玄宗即位后，复相位，为避讳开元尊号，更名姚崇。李隆基在军机国家大事等方面多询问于姚崇。姚崇独当重任，办事果断、得体，勤政为民，时无人能及，深得民心和皇帝嘉许，有"救时宰相"的美名。

姚崇为相后，向玄宗建议了10件事：以仁义治天下，三数10年内不求边功；宦官不得干涉朝政，皇亲国戚不得任台省官，停止破格滥用人，以法制抑奸佞，公卿、方镇、戚里不得"贡献求媚"，不再增建寺观宫殿，开言路纳谏净，杜绝外戚干预政事等，基本被玄宗采纳。姚崇还反对度人为僧，取缔伪滥的僧徒12000多人，勒令他们还俗。开元三年春夏之际，山东（指太行山以东）闹大蝗灾，因为蝗虫众多，百姓及当地官吏又非常迷信，只是在田旁焚香设祭而不敢杀灭蝗虫，致使粮食大受损失。姚崇坚持捕杀除蝗，并派使者到各州县详察灾情、督促灭蝗，因此，尽管连年蝗灾，但由于灭蝗得力，还不至于闹大饥荒。姚崇的两个儿子光禄少卿姚彝、宗正当卿姚异，因广引宾客并收受贿赂，被人们所讥讽。另外中书省主书（从七品）赵诲本是姚崇的亲信，也收罗了胡人的贿赂。东窗事发后，玄宗亲自审问，赵诲本被判死罪，姚崇竭力营救他，玄宗非常生气。后因赶上京城曲赦，玄皇于是命令将赵诲杖打一百并流放岭南。姚崇因此非常忧惧，多次要求让出相位以避嫌。并推荐广州都督宋璟接替自己的职务，获准。开元四年（716）闰十二月，姚崇被贬为开府仪同三司，宋璟被擢升为宰相。宋璟（663～737），邢州南和（今属河北）人，调露年间中进士。他为人耿直，有节气，而且博学多才，尤其精于文翰，当官名声很好。武后执政时非常倚重他；睿宗时，升他为吏部尚书、同中书门下三品。后因和姚崇一起奏请太平公主出居东都而被贬。开元年初，他又被任命为刑部尚书，封广平郡王，继姚崇为相后，宋璟主张革除奢靡风俗、禁铸恶钱、广选人才。他的用人标准是：选择人才必须排除激幸，禁止诙谀，量才录用，务必使之各称其职，各展其用。按照上述标准，宋璟用人从不私亲阿贵，为官廉明。宋璟与姚崇并称贤相，号"姚、宋"。开元六年曾有广州吏民要为他在任时立下的功绩立遗爱碑，宋璟获知后，立即奏请皇帝阻止了这件事，此后再无此类事情发生。开元八年（720），宋璟任宰相4年之后，以年老为由辞官，退居洭阳。

编校群书于乾元殿

　　开元五年（717），唐于乾元殿编校群书。此事的发起者是马怀素。马怀素，字惟白，丹徒人。他为人廉恭谨慎，很有学问，人称长者，曾被荐为玄宗侍读，这便是"侍读"得名的开始。开元五年（717），当时任秘书监一职的马怀素上奏玄宗道："国家的许多藏书已经散乱甚至讹缺，请皇帝恩准选一些有学问的先生来整理书籍并校正错误，补足遗缺。"玄宗允准了这件事。于是马怀素率领 20 个饱学之士开始整理藏书，搜寻访问散失的书籍，并派专人进行撰写工作；同时还组织国子监博士尹知章、桑泉尉韦述等对书稿进行刊正，让左散骑常侍褚无量为之使，在乾元殿前编校群书。等到整编好 4 部书后，玄宗命百姓、官吏们到乾元殿东廊观书，大家无不拍手称奇，纷纷称赞编书的人为朝廷和后人做了一件大好事。

《开元占经》编成

　　唐开元六年（718）至开元十四年之间，印度裔天文学家瞿昙悉达编成《开元占经》，比较系统而完整地总结了当时的天文星占学发展的总体成就。

　　《开元占经》全称《大唐开元占经》，全书100卷。前两卷集录了古代天文学家关于宇宙理论的论述；卷3至卷90集录了各种天象及星占占文；卷91至卷102集录的是各种气象现象及相应的占文；卷103抄录了李淳风的《麟德历经》；卷104讲算法并抄录了《九执历》；卷105是从先秦古六历到唐代神龙历共29种历法的基本数据；卷106至卷119讲的是星图中的星位；最后10卷是有关草木鸟兽、人鬼器物的占文。其中除介绍印度传来的九执历内容1卷外，其余119卷均介绍中国的传统文化，它用列表的方式，在事先拟定的栏目中，将唐代开元年间收集到的天文星占资料分类加以编排，尽可能将各家天文星占原著选录其中，使之成为一部经过系统编辑的古代天文资料大全。

　　该书编者瞿昙悉达，祖父瞿昙逸原是印度婆罗门僧人，于隋代迁居中国。他们全家精通印度天文历法，并收集、学习从而精通了中国的天文历法，其祖孙三代均在唐代朝廷中担任负责天文的太史令和太史监。身为太史令的瞿昙悉达于开元六年（718）奉旨翻译后来收入《开元占经》中的印度历法《九执历》。

　　《开元占经》保存了中国最古老的恒星位置测量结果，保留了先秦时期甘、石、巫三家星经的原始面貌和大量天象观测的记录及论述，一些古代论天的资料也赖此得以保存，而大批的历法资料，尤其麟德历和九执历，反映了中印科技交流的历史印迹，所摘录的古代文献资料较全面地保存了中国星占术的资料，许多珍贵的文化科学资料因此而没有泯灭，使我们今天尚能窥见许多古代天文学家的精辟论断。

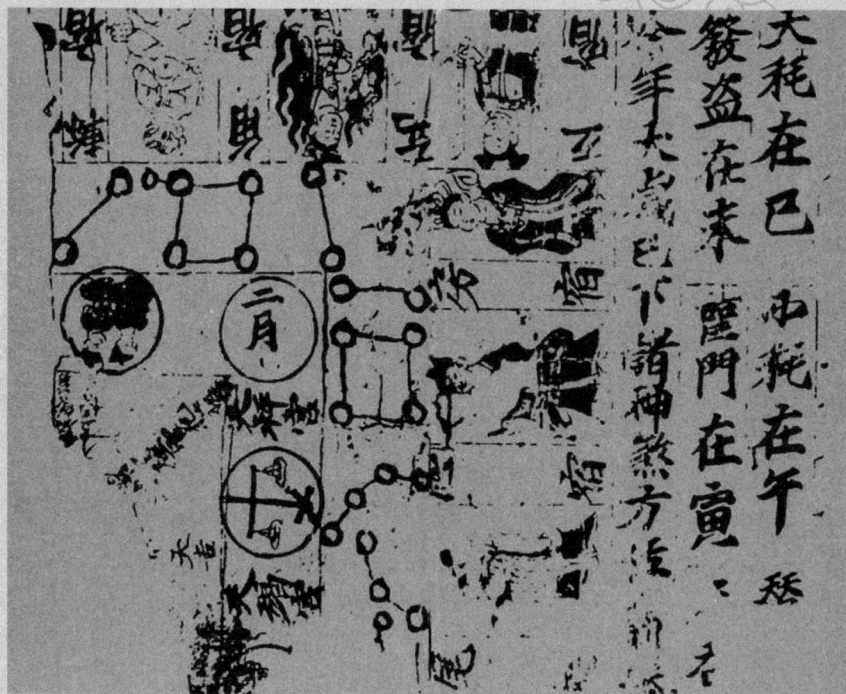

星占图。星占图是新疆吐鲁番出土的唐代占星象用的图，约为公元八世纪的写本。是目前所见具有中国风格时代最早的黄道十二宫图形。十二宫是十二个月分别代表的时间位置。占星术是利用一些天象，如日蚀、月蚀、五星或金、木、水、火、土星在星空中的位置及其变化，来占卜人间吉凶祸福的预测术。

推行饮酒礼以思化民俗

唐开元六年（718）七月十三日，玄宗再颁布《乡饮酒礼》令各州县乡于每年12月行饮酒礼。

早在贞观六年（632），太宗李世民便已诏仿《礼记·乡饮酒礼》一卷，颁行天下，但其后日久礼废，玄宗为使世识廉耻、尊老敬道、思化民俗，再次颁诏推行饮酒礼。

州饮酒礼，以刺史为主人。先召本州已入仕为官而有德者计议饮酒礼事。受饮酒之礼的人依次有宾、介、众宾。饮酒礼仪式有两部份：请宾允许学子行饮酒礼和由主人主持的饮酒礼。前者仪式大致为：主人对传令者说，某日行饮酒礼；恳请宾允许我的这些学子们参加，以示敬意。传令者进出转告宾。宾出来，说不敢承受。再请再推辞又再请，这才同意。对介、众宾也如此行礼。后者仪式大致为：按仪礼、等级设宾席、主人席、介席、众宾席。仪式开始以后，主人拜迎宾、介、众宾入，各自落座。而后，宾、介、众宾跪迎主人接受祭祀祖先的礼器。礼器授完后，又跪迎赞礼者进献祭品，并在赞礼者主持下，持酒祭祖宗。祭祖完毕后便奏乐。奏乐、歌唱完后，学子们先拜宾、主人、介、从宾，然后接受赐酒，饮完恭敬退下。仪式完毕，在鼓乐声中，大家都开怀畅饮以示庆祝。

唐景云钟。此钟造于唐景云二年（711），距今1200多年，为我国现存唐代之前最大的铜钟。

县饮酒礼以县令为主人。乡中老人年 60 以上有德行的人士为宾，次有德者 1 人为介，又其次者为三宾，再次者为众宾。乡中老人年 60 者，在席上放 3 豆（指盛食物的器皿），年 70 年置 4 豆，年 80 者则放置 5 豆，至于年纪超过 90 的人及主人都放置 6 豆。就席饮酒之际，主人为赞礼者持酒杯告诫民众们当以忠孝为本。其他形式大致与州饮酒礼相同。

唐牛首玛瑙杯。唐代与四邻各国交往频繁，从这只杯的造型来看，应是来自中亚一带的器物。

设置市舶使管理外贸

唐于 714 年在广州设市舶使，管理海外贸易。直到元朝末年一直持续了 700 年之久。

唐代的商业经济非常繁荣，对外贸易也非常发达，陆上和海上两方面的贸易又十分频繁并日益正规化，政府还设置了专门的机构和官员对海上和陆上贸易进行有效的管理，促进了对外贸易的不断发展，对贸易的有效开展起到了很好的作用。

唐代与南海各个国家的海外贸易在唐朝的对外贸易中占据着举足轻重的地位。当时由海上来与唐开展贸易的国家有日本、新罗、印度、斯里兰卡、波斯、南海的各个岛国、大食（阿拉伯）等许多国家和地区，大食是其中最为重要的国家。这些国家都是航海到中国进行贸易，大多由波斯湾经印度，绕马来群岛，抵达现今的广州，然后再从广州分散到岭南的交州、江南的扬州、福建的泉州以及福州、明州、温州等通商口岸。海上贸易发展很快，已成为经常性的大宗贩运，贸易额很高。

同时，唐对陆上贸易也极为重视，对周边各少数民族的互市非常关注。通过互市，可以获取农业的主要耕田动力耕牛。然而，除了经济因素之外，也有很重要的政治因素，促使唐不断加强与西域各国之间的往来贸易；通过互市，可以得到内地非常需要的重要的军用物资马匹，这与国防有着非常直接的关系，马匹数量的多少反映着国防力量的强弱。唐政府曾专设"互市监"来管理互市贸易。内地和西域的富商大贾东来西往非常频繁，唐著名的高僧玄奘到西方去求取佛经也是跟随商贾去的。丝绸之路非常繁华兴旺。贞观年

间，位于丝绸之路要道上的高昌国成为阻塞东西交通的障碍，唐王朝便派军队打败了高昌国，将它收入唐朝版图，降为州县，通往西域的大门因此大开，西域的商贾更加蜂拥地涌入唐朝，四处进行商贸活动。

唐与突厥、吐谷浑、回纥、党项、吐蕃等各沿边少数民族的关系虽时战时和，但贸易活动始终非常频繁。

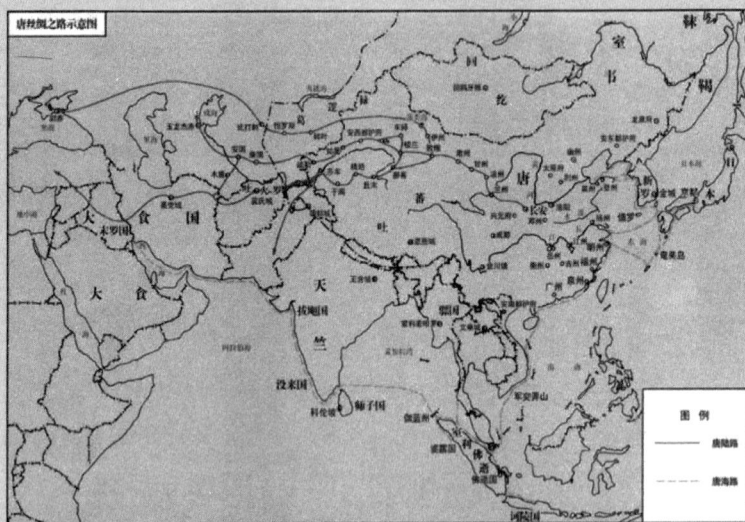

唐丝绸之路示意图

开元盛世出现

　　开元（713 ～ 741）是唐玄宗统治前期的年号，这个时期唐王朝国势强盛，封建社会在各方面都达到了前所未有的太平盛世状况，史称"开元盛世"。

　　玄宗李隆基在长期的宫廷斗争中，造就了敏锐的政治头脑和超人的政治才干。710 年，他诛杀准备谋反的韦后和安乐公主，713 年，他又镇压了预谋发动宫廷政变的太平公主。一连串的宫廷事变促使他下定决心整顿统治集团。从开元二年（714）起，他陆续把诸王派往偏远的州做刺史，州务实权则交给长史、司马。另一方面又对诸王不加谴责、恩私如初，他的恩威并用使诸王没有借口，也没有能力发动政变。在抑制权贵上，玄宗更是严格执法，很少宽假，以至皇后妹夫长孙昕因殴人也被立即处死。上行下效，许多地方官吏也勇于同权贵的不法行为做斗争，保护百姓利益。玄宗及其臣下抑制不法权贵的行动对于稳定社会秩序，加强中央集权产生了良好的影响。

　　玄宗效法唐太宗，注重用贤和纳谏，对于朝中名臣，玄宗区别对待。他先是重用能犯颜直谏又忠心为国的姚崇、宋璟、苏颋、张说等人为相，倾心从谏，对宋璟的谏诤，"玄宗素所尊惮，常屈意听纳"（《新唐书·宋璟传》）。姚崇、宋璟后称"姚宋"，与初唐名臣房、杜齐名。苏颋和宋璟同时为相却甘居辅佐地位，相让为国。这就使玄宗的统治核心能上下一心，励精图治。玄宗对朝三暮四的政客则远调或罢官，消除了朝廷内部的不安定因素。

　　玄宗还裁汰冗官，改革吏治。针对武则天时造成官僚机构严重膨胀的情况，他先是撤销冗官数千人，以节约开支，解决财政困，开元五年（717）又恢复谏官、史官参加宰相议事的制度，这样谏官、史官也能参加皇帝与宰相的议事会议，

唐开元铁牛。山西黄河蒲律津桥的唐开元铁牛，是盛唐冶炼业、制造业及雕塑工艺耀眼夺目的代表作。桥两端铁牛共八尊，每牛重量三万公斤左右。这是"开元盛世"留下的具有说服力的实物见证。

宋摹本唐张萱《捣练图》。此图分组描绘宫中妇女加工白练，依次为捣练、织修与熨平。所绘十二人，或长或幼，或立或坐，神情姿态各异。张萱，长安人（今陕西西安），盛唐时期人物画家。擅画贵公子、妇女、儿童，《宣和画谱》称其"于贵公子与闺房之秀最工"。"又能写婴儿，此尤为难"。

朝中议事的透明度大大提高了。玄宗还很重视地方官的选拔，曾亲自对新任职的县令进行考核，并把不合格的 45 人驱逐回去。为了从根本上澄清吏治，玄宗制订了《开元格》、《开元新格》等，又派人编纂了系统完整的行政法典——《大唐六典》，这对惩治贪官、稳定社会秩序提供了强有力的法律保证。

在经济方面，为了增加财政收入，玄宗主要采取了四项措施。首先，打击豪门士族，争夺土地劳力。豪门士族不但侵占农民田地做为"私田"，控制逃亡农民做为"私属"，且不向朝廷交田税和人头税。玄宗在政权稳固之后，采取检田括户等措施，收回大量私田，分给无地农民使用，既增加了国库收入，也缓和了社会矛盾；第二，改革食实封制度，以增加政府财政收入，减轻人民负担；第三，玄宗打击佛教势力，淘汰僧尼。武周、中宗大力扶持佛教，广建庙宇。寺院僧尼不仅兼并土地，而且逃避税役。714 年，玄宗令 1.2 万余僧尼还俗，还禁造佛寺，禁铸佛像，禁抄佛经，沉重打击了佛教势力，扩大了中央政府的税源；第四，发展农业。玄宗采取与民休息的宽容政策，扩大耕地面积，大修农田水利，并且移民边疆，屯田生产，农业十分发达。杜甫的《忆昔》诗"公私仓廪俱丰实"就生动地描写了开元盛世时农业的发达。

玄宗实行和解的民族政策，以改善民族关系，维护国家统一。对东突厥大搞边境贸易，进行经济交流；为了改善和奚族、契丹的关系，还把两个公主嫁给奚族、契丹族两个首领。姚崇、宋璟都熟谙军务，一方面加强军备，一方面安境息民，还严防边将穷兵黩武，轻启边衅。开元年间和睦的民族关系对于社会稳定和经济发展起很大的促进作用。

　　由于唐玄宗采取了上述积极的政治经济措施，加上广大人民的辛勤劳动，唐王朝在各方面都达到了很高的水平，国力空前强盛。几十年间人口增长到5290余万人，有了大幅度的增长；农业十分发达，即使是开元三年还"沙碛悠然"的陇古地区，到开元末期也已经"桑麻翳野"了；手工业方面的瓷器、漆器、造纸均超过前代，"唐三彩"更是名扬海内外；唐代的商业也很发达，国内交通四通八达，城市极为繁华，对外贸易不断增长，波斯大食商人纷至沓来，长安、洛阳、广州等大都市商贾云集，各种肤色、不同语言的商人身着不同的服装来来往往，十分热闹。中国封建社会达到了全盛的阶段。

中印数学交流

　　早在公元 1 世纪，中国和印度便在宗教、贸易、文化等方面有交流，在数学方面也相互影响，但尤以隋唐时期最为突出。

　　《隋书·经籍志》记载的印度历算书有《婆罗门算法》3 卷，《婆罗门阴阳算历》1 卷，《婆罗门算经》3 卷，以及《婆罗门天文经》21 卷等。但这些书籍一般只译了书名，内容大多没有翻译，所以影响还不大。而唐开元六年（718），由印度天文学家瞿昙悉达奉唐玄宗之命翻译印度历算名著《九执历》，却对中国数学产生了很大的影响。《九执历》中的数码、圆弧度量（把圆周分为 360 度，每象限分为 3 相，每相分为 8 段。每度为 60 分，每段 3 度 45 分。）和正弦表（《九执历》中列出了以 3 度 45 分为间隔的，从 0 度到 90 度的 24 个正弦线值表）被中国数学所吸收运用。而更为有价值的是唐代天文学家一行绘出的正切表（从 0 度到 80 度，间隔为 1 度的正切值），明显是受《九执历》中正弦表的启发而获得的。另外，中国数学书中多借用了印度大数和小数的名称，不过所表示的数量和意义却与印度原意不同。

　　中国数学也对印度产生过多方面的重要的影响。如英国科技史家李约瑟在《中国科学技术史》第三卷中曾列举了 14 个方面的证据，内容包括开方及解高次方程、比例算法、分数、正负数、弓形面积、盈不足术、不定分析等。在许多中国在前、印度在后的数学成果之间，存在着惊人的一致性如线性方程组、比例、不定方程、等差及等比数列、几何等，这样的例子人们已经发现了数十个，《九章算术》中的数题就和其后印度许多数学家著作中的数题内容极为相似。

密宗繁盛

唐玄宗开元年间（713～741），印度的三位密宗大师善无畏、金刚智和不空相继来到唐都长安，使三国以来流行于中国的"杂密"成为体系性的"纯密"。这三位密宗大师亦被称为"开元三大士"。

密宗又称瑜珈密教，是印度密教在中国流传的结果。印度佛教在发展后期，

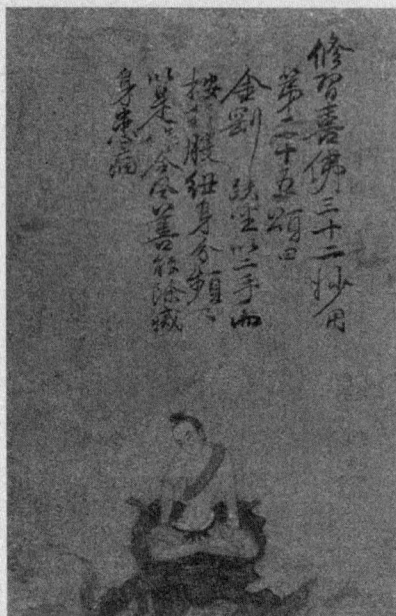

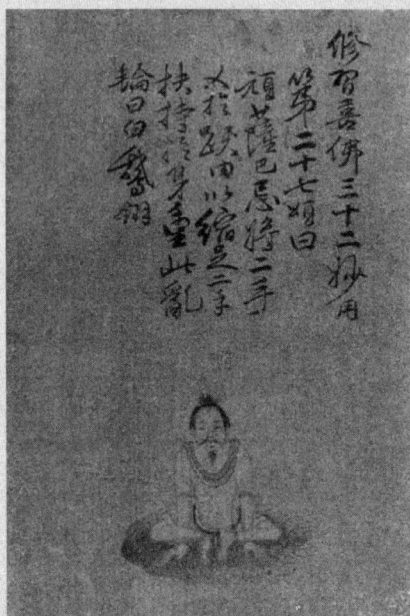

《修习喜佛图》。在佛教的各种宗派中，密宗是比较注重性命双修的。清代彩绘《修习喜佛》图册绘有一套密宗的修习方法，与气功道引的形式及其养生效应相近。上图为第二十五式，下图为第二十七式。

出现了与传统的印度宗教——婆罗门教相结合的密教。在保留佛教基本信仰的同时，密教也吸收了婆罗门教祭祀、供奉、拜火等宗教仪制。他们认为佛祖的"真言"、"密语"不可见诸文字，广为传布，只能对接受灌顶仪式的弟子密传，由此与"显教"诸流派不同。

开元四年（716），善元畏来到长安，受到玄宗礼遇，即被尊为国师，设内道场，为皇族灌顶受法，传播"胎藏界"密法。他译出《大毗卢遮那成佛神变加持经》（或《大日经》），成为密宗主要经典。他的弟子一行（637～727）继而撰写了《大日经疏》20卷，进行详细注释，奠定了密宗发展的基础。

开元八年（720），金刚智到长安后也被尊为国师，主传"金刚界"密法。他的弟子不空跟随来华，在长安协助他的译经事业。天宝五年（746）不空从印度带回密教经典1200卷，从此开始大规模的译经工作，并设内道场，为玄宗、肃宗、代宗三代唐帝灌顶受法，成为三代帝师，他译出密教经典111部，143卷，成为中国佛教史上四大翻译家之一。密宗在开元三大士的大力弘扬和中唐几位皇帝的推崇下，盛极一时，特别受到宫廷贵族们的垂青。而且，在密宗的神秘宗教仪规中，男女双修（男女裸体相抱）是最为特殊的。9世纪以后，密宗逐渐在汉地失传。

《太白阴经》出现

隋唐五代时期，兵学研究兴盛，出现了200多部兵书，可惜这些兵书大多散佚，《太白阴经》便是仅存的几部兵书之一。

《太白阴经》是兵家思想和道家思想融合的产物，又名《神机制敌太白阴经》，撰者李筌可能是唐玄宗时人，古人有太白主军戎杀伐之说，所以此书命名为《太白阴经》。

《太白阴经》分为10卷100篇，其思想主要体现在《人谋》上下篇中，博采道、儒、兵家军事思想之长，形成一些独到见解。《太白阴经》强调"人谋"，认为国家强弱、战争胜负的关键不在天之阴阳、地之险阻、人之勇怯，而在于"人谋"，只要"人谋"得当，就会无往不胜。书中从三个方面阐述"人谋"，即"主有道德"、"致富强"和"重谋胜"。此书将《老子》的思想作为人主行动的最高准则，并以此立论，成为全书中心，同时也不排斥儒家的"仁义"，兵家的"诡谲"，主张将其统一起来。《太白阴经》还主张重农兴商以增加国力、施智用贤以强化军队，要求起用贤能，提拔贤人于穷困之境，指出历史上伊尹、太公、伍员、范蠡、管夷吾、百里奚、韩信等名将都能凭此立一世之功。同时要按智勇双全的原则慎重任将，根据用人之长的原则选士用才，爱护兵士，严明刑赏，只有这样才能富国强兵。在战争指导上，《太白阴经》认为上策是"不战而胜"，强调用兵之前周密筹划，战争之中力争主动，并重视机遇、重视地利。另外，此书对兵之"形"有新的认识，阐明了"形"与"神"的辩证关系，发展了《孙子》"形"的理论。书中关于风角杂占、奇门遁甲等的证述则包含许多不科学内容。

荐福寺小雁塔。建于唐景龙年间（707 ~ 709），塔身为方形密檐式砖塔，原为15层，经多次地震影响，现存13层。全塔朴素无饰，除第一层塔身较高外，以上各层密檐层叠，几乎不见塔身。全塔外部轮廓具有明显收分，成缓和的曲线状，比例合宜，具有秀美的艺术风格。

渤海吸收汉文化

713 年，靺鞨人首领大祚荣归顺唐政府，接受唐册封，专称渤海。渤海的统治阶级十分重视汲取唐内地先进的文化，并且形成了自己的文化特色。

渤海王室尊孔崇儒，将儒家的政治思想作为经邦治国、立政施教的根本，渤海中央官府机构和官吏及士人的命名，都直接取自儒家经典。渤海人十分重视教育事业，一方面积极选派学生到唐内地学习，学成归来后委以重任；

唐代渤海侍卫与伎乐壁画

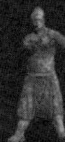

另一方面在国内设文籍院收储图书，建胄子监就地培养统治人才。

早在渤海建国前，佛教就已在部分靺鞨人中流传，建国后，又为渤海上层统治阶级所崇信，在唐内地的影响下，佛教在渤海成为传播最广、影响最大的教派。渤海第三代王大钦茂尊号有"金轮圣法"，他的第四女贞孝公主葬用塔墓都表现渤海王室是笃信佛教的。渤海的官员也大都信仰佛教，渤海的佛教僧侣不仅从事佛事活动，还参预政治和外交活动，可见佛教在渤海很是兴盛，僧侣已成为社会的重要阶层。

汉字是渤海的通用文字。目前发现的两个公主墓志和砖瓦上的文字都是汉字写成，可见汉字已被渤海的官方和民间习用。渤海的文学也很发达。传世的文章都是用唐初流行的骈体文写成，文笔流畅，对仗工整，两个墓志的文字也与唐内地的金石文字的风格极为一致。渤海的诗歌也有较高的成就。

渤海的建筑技术已达到相当高的水平。无论城市，还是宫殿、官署、寺庙的建筑都很得体，如上京城的布局，与唐长安城极为相似。渤海的绘画在文献上虽有零星记载，但作品无存，无从考查。1980 年于贞孝公主墓中出土的壁画，人物体态丰颐，着色浓艳，线条遒劲。人物形象、服饰等与唐永泰公主墓中所绘壁画极为相似，所执器物也基本一样。渤海的雕刻也有较大的成就，以石雕最为突出。贞惠公主墓出土的石狮，造型逼真，古朴洗练，从造型和刀法上看和陕西省唐乾陵的石狮极为相似，表现出浓郁的盛唐风格。

渤海不只本身全面接受了唐内地先进的文化，而且还是向日本传播的使者，在吸收的同时，逐步创立了自己的文化。

《贞观政要》记载政治得失

　　《贞观政要》是记载唐太宗李世民政绩及君臣论政的史书。唐吴兢（约669~749）编撰，成书于唐玄宗开元初年，共 10 卷 40 篇，约 80000 字。它以君道、政体、任贤、纳谏等为篇目，分别采录唐初贞观年间（627~649）太宗李世民同魏征、王珪、房玄龄、杜如晦等大臣的政论、奏疏及重大政治措施内容，表现出唐初君臣开明进取的政治思想。

　　《贞观政要》的主要内容包括治国方针、申明法制和崇尚儒道、选贤任能、敬贤纳谏等方面。重民思想是李世民制定治国方针、政策的出发点：君是舟，民如水，水能载舟，亦能覆舟，因而"存百姓"成为贞观年间与民生息政策的思想基础；"存百姓"的具体内容是解决吃穿问题，从《贞观政要·务农》可看出，唐太宗清楚地认识到：国家的根基在于人民拥护，人民的拥护在于

唐六屏式鉴诫画

生活富裕，生活的富裕在于生产发展，生产的发展在于社会安定，社会的安定在于正确的政策，而正确的政策在于统治者清心寡欲和克己奉公。所以唐初宣传"存百姓"作为获取民心、缓和矛盾以巩固社会秩序的手段，这继承和发扬了古代的民本思想。同时为国之道必须"抚之以仁义，示之以威信"（《贞观政要·仁义》），把推行伦理教化和施刑罚结合进来，反对暴政，通过仁政来立制度、纪纲，提倡伦理道德来实现礼治的目的。

　　《贞观政要》记载了唐太宗广开言路、从谏如流的治国思想，"任贤良、受谏净"。国君深居九重，只有靠纳谏来倾听逆耳之言，纠正自己的缺点和错误。贞观20余年间讽谏成风，据统计，前后向李世民进谏的不下30人，除魏征外，还有刘泊、岑文本、马周、褚遂良等。特别是魏征提出"兼听则明，偏听则暗"的命题，得到唐太宗的首肯。这样唐朝君臣就能避免和防止错误，正确制定和执行有利于国家而又符合客观实际的政策，对健康正常的政治生活起了不可忽视的作用。

　　唐太宗崇尚亲疏并举、德才兼备的用人原则。"孜孜求士，务在择官"（《贞观政要·政体》），但是为官择人，不可造次，必须才行俱兼，始可任用。当然他并不是主张求全责务，苛求于人，只是要求德适其位，能当其任，人尽其才，各得其所。

　　《贞观政要》体现的唐太宗君臣的治国安邦政治思想，吸取了古代政治思想的精华，总结了历代政治兴亡的得失，在中国古代政治史上有着重要意义，它是中国开明封建统治的战略和策略、理论和实践的集大成。《政要》颇受唐朝统治者重视，列为唐朝以后皇家子孙的必读教本，后来传入朝鲜、日本，也备受推崇。

宇文融检括逃户

唐代在北齐租康制的基础上，根据户口实行租庸调法。但是日子一久因户口逃移，造成田籍错紊。开元九年（721）二月，唐政府任命宇文融为劝农使，检括（即搜索清理）逃移户口及籍外田亩。

宇文融，京兆万年（今陕西西安）人，开元初任监察御史。开元初期，由于赋役较重，民户逃亡，隐漏严重，唐政府实行摊逃政策，由近亲邻保代输逃户所应付的租庸课税，从而逼使更多的民户逃亡。为了增加赋税收入，扩大徭役、兵役和差科来源，开元九年正月，宇文融奏请检括。唐玄宗采纳了他的建议，于二月十日，下诏："州县逃亡户口，允许在百日内自首，或就地附籍，或解送故乡，各从所欲。过期不报，一经查出，就解送边州。有包庇者，一律抵罪"。宇文融被任命为劝农史，主持检括工作，另设劝农判官29人，为摄御史，分巡天下，并规定新附逃户免6年租调、徭役。由于使者催逼甚急，州县官又逢迎上司，于是虚报数额，乘机谋私利，百姓苦不堪言。

针对州县烦扰百姓的现象，开元十一年（723）八月，玄宗下诏令各括户州使百姓安居乐业，次年（724）六月又下诏令逃户自首，开辟逃户所在地区闲散土地令其耕作，斟情减免税收杂役，免掉一切租庸，仍以宇文融为劝农吏巡行州县，与史民议定赋役。

开元十二年（724），检括户口工作基本结束，共清理搜索80余户，田数亦相当，到年终，得新增缗钱数百万贯。

府兵制解体·开始募兵

唐初年，兵制沿用隋朝的府兵制，兵农不分；开元十年（722）八月，玄宗采纳张说的建议召募壮士充当宿卫，府兵制开始解体。

唐初的府兵制和均田制的联系很紧密，府兵均由逃选的丁壮充当，21岁入军，60岁免役。府兵和民户一样按照均田制受田，农忙时生产，农闲时受训，但府兵不服徭役，不纳租调。府兵的主要任务是轮流到京城宿卫，遇有战事才应召出征，宿卫、出征都自备兵甲衣粮，战事结束则解甲归田，一如往常。开元年间，均田制瓦解，百姓逃亡或迁移严重，府兵来源也因此严重短缺。张说建议召募壮士充宿卫兵，不问色役（指徭役种类），都从优待遇，以前的逃兵一定争出应募。玄宗采纳了他的建议。果然，仅十天左右就招募到13万精兵，分属诸卫，轮番替换。兵农之分自此开始，募兵为职业兵。

第二年（723），政府又挑选丁壮12万人，充当长从宿卫，1年2番，州县不得再派劳役，十三年（725）再将长从宿卫更名为骑，兵士军粮也由国家发给。二十五年（737），唐又审计兵防定额，召募丁壮（称长征健儿）充作长期边防军。至此，京城宿卫和征戍兵士全部由召募丁壮充当，府兵制名存而实亡。天宝八年（749）五月，宰相李林甫奏请停用折冲府上下木契、鱼书，府兵有官无兵，府兵制彻底解体。

赵柳氏创夹缬法

开元十二年（724），赵柳氏创造出夹缬法（即镂染）。赵柳氏是玄宗宫人柳婕妤之妹，嫁与赵氏，在家从事纺织，积累了丰富的印花经验，创造了夹缬法。缬，即印染花纹。所谓夹缬法，就是用两块木版雕刻同样花纹，以绢、布对擢夹入此二版，然后在无花纹的雕空处染色，使花纹呈现对称而齐整的美感。这样印成的织品也称为夹缬。夹缬法也称"镂染法"，赵柳氏用此法制成文锦一匹，献给王皇后，被玄宗看见，大为赞赏，便下诏广为推行其法。这种夹缬，在敦煌的唐代墓葬中曾发现数片。夹缬法体现了唐代工艺美术的进步，开创了染缬技术的新纪元。

唐纹锦履

第一次实测子午线长度

唐代开元十二年（724），中国的一行进行了世界上子午线（经线）1°弧长的第一次实测工作，比阿拉伯天文学家阿尔·花剌子密于814年进行的实测早90年。

一行（683～727），本名张遂，魏州昌乐（今河南省南乐县）人。中国唐代高僧、天文学家和大地测量学家。

开元年间，一行为编撰《大衍历》，发动和组织了大规模的全国天文大地测量，测量点共12个，南至交州，北达铁勒。他们测量了各测点二分二至时正午日影长度、测点的北极高度以便决定南北昼夜的长短，还测量了各地日食的食分等。一行发明了《覆矩图》，并以丹穴为南界，幽都为北界，极高每变化一度，相应的变化就用覆矩图表示出来。这些测量为《大衍历》关于日食和昼夜长短的计算提供了很重要的数据。

而一行所领导的，由天文学家太史丞南宫说等人主持的在河南的测量，是这次测量中最为重要的。本年，他们在大致位于同一子午线上的白马（今滑县附近）、浚仪（今开封西北）、扶沟和上蔡四地测量了夏至正午日影长和北极高度，并用测绳丈量了它们之间的距离。经归算，从白马到上蔡有526.9里，日影长相差2.1寸。一行通过与其它地方的测量相比较，得出地上南北相差351.27里，北极高度相差一度。我国古制1里等于300步，1步等于5尺，一唐尺等于24.525厘米，1周天等于3651/4度，据此可换算出北极高度变化1度，南北之间距离为129.22公里（今测值为1°弧长111.2公里）。

《周髀算经》中讲述盖天说关于天地距离，周都至北极下的距离，冬至

唐代僧一行。一行（683～727），本名张遂，魏州昌乐（今河南乐县）人。唐代著名天文学家、佛学家，在编制《大衍历》和主持天文大地测量方面贡献卓著。

太阳所在外衡的半径等数据，均以"日影千里差一寸"的假设进行推算。南朝时何承天派人去交州测影，从而得到了"是六百里而差一寸"，几百年来被人们奉为经典的说法开始受到怀疑。隋代的刘焯很希望组织一次较大规模的大地测量以得出较正确的结果，但隋王朝荒淫无度，很快覆灭，未能如愿。唐代一行组织的这一次大地测量，不仅为《大衍历》成为一部优秀的历法作出了贡献，而且彻底否定了"日影千里差一寸"的陈见，故意义十分重大。

公元前 3 世纪末，古希腊天文学家厄拉托塞内斯是在地为球形的思想指导下设法测量地球周长的；毕达哥拉斯学派从旅行者看到的极高变化而想到大地为球形。遗憾的是，中国传统天文学中没有明确的地球概念，一行等虽已测出了地球子午线 1° 的弧长，已经走到发现大地为球形的边缘，却仍与这项发现失之交臂。

一行等作水运浑天仪

　　唐开元十三年（725）十月，僧一行和梁令瓒及诸术士合作，制成了水运浑天仪。

　　浑天仪以铜铸造为球形，球形浑象内列满星宿，注水冲轮，使球形浑象旋转，自转一周为1日1夜。球形浑象外又安置2个圆环，环上缀日月。日标每昼夜回转一周，又沿黄道（太阳在天球中的视运动轨道）东行一度，365

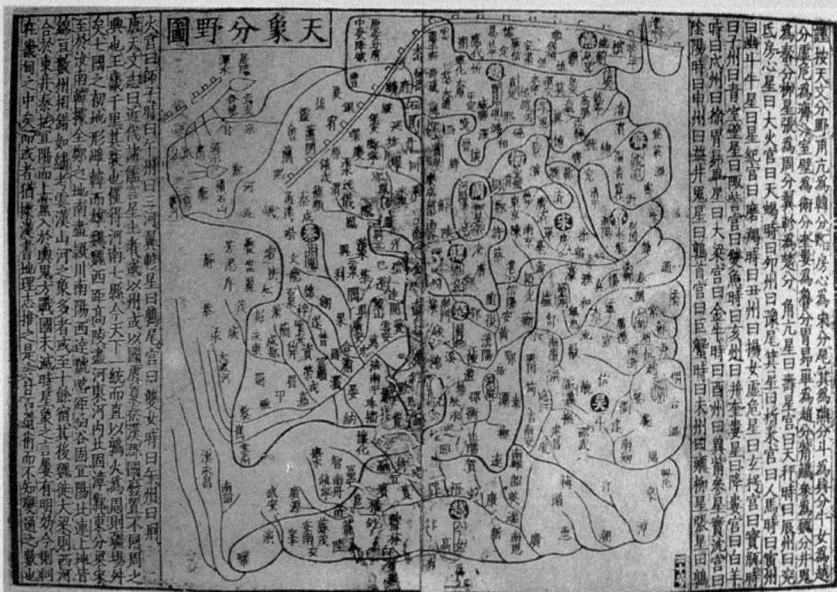

　　分野图。分野图即天象分野图。分野之说是我国古代星占术中的一种概念，它认为地上有各州、郡，天上也有对应区域。这幅分野图保留了隋唐以来分野图的精华，是研究古代分野说的珍贵资料。

日沿黄道移动一周；月标每昼夜回转一周，27日半沿白道（月球在天球中的视运动轨道）移动一周，为1月。水运浑天仪放置在木柜上，木柜顶端和地面持平，使浑天仪一半在地上一半在地下。另外，有两木人立于平地上，前置钟鼓，以候辰刻。其一每刻击鼓，另一则每辰（今两小时）撞钟。所有机关都藏在柜子里面，时人都惊叹其巧妙。

浑天仪全称为"水运浑天俯视图"，制成后放在武成殿前。运行后仪器被水击湿而不能自转，于是被收藏在集贤院中，不再使用。

水运仪天仪既能表示天体运动，又能指示时间，是后世天文钟的前身。

大破吐蕃

　　自开元十五年（727）十二月，唐玄宗下诏集大军征讨吐蕃开始，到开元十八年（730）吐蕃向唐致书求和终，双方进行长达3年的战争，唐大破吐蕃。

　　开元以来，吐蕃自恃国力强盛，用敌国礼（地位相等国家之礼）致唐文书，而且措辞悖慢，玄宗怒气平。开元十四年（726）冬，吐蕃大将悉诺逻自大斗谷进攻甘州，烧杀掳掠后退兵。河西节度使王君㚟跟踪已疲惫不堪的吐蕃军，至青海西大破吐蕃后军，俘获其辎重羊马数以万计。这次战役的胜利使玄宗更加重视对吐蕃的战争。727年9月，悉诺逻率军攻陷瓜州城以雪青海一败之耻，接着又进攻至门军和常乐县，但因唐有备而无功而返。12月，玄宗诏令陇右道，河西道及关中、朔方兵马十几万互相支援，开始大规模对吐蕃的战争。728年7月，吐蕃进犯瓜州，被都督张守珪击退。11月，河西、陇右两军合力在渴波谷大破吐蕃军，陇右军乘胜攻占了大莫门城，擒获大批敌兵。8月，河西军再破吐蕃军于祁连城下，吐蕃大将被俘，吐蕃军溃散，逃入祁连山，哭声震谷。729年3月，瓜州都督张守珪和沙州都督贾师顺又在大同军地区大破吐蕃，同时，朔方军攻克吐蕃重镇石堡城，令吐蕃军无法前进，自此河、陇诸军得以游弈自如，拓地千余里。玄宗闻讯后龙颜大悦，将石堡城改名为"振武军"。唐各路大军通力合作，奋力征战，吐蕃一败再败，气焰顿消，而唐西部疆域不断向外延伸，朝野欢悦。

于阗国王供养人像。于阗是丝绸之路上有悠久历史的古国。本图显示于阗国时期人物的风貌。

　　开元十八年（730）五月，吐蕃派使者到唐大军中致书求和，未能如愿。同年9月，吐蕃接连失败，恳请与唐和亲，玄宗应允。吐蕃赞普大喜，派遣大臣论名悉猎入唐朝贡，并且表示"倘使复修旧好，死无所恨"。从此，吐蕃重新归附于唐。

百官春月旬休游宴

　　开元十八年（730）二月，百姓乐业，边陲无事，百官公事趋于简单，空闲时间多，于是玄宗许文武百官逢春月旬休时，可以根据喜好自选游览胜地，自行宴乐。

　　旬休即旬假，是唐代百官上班的例假，每月有 3 天（1、11、21 日）。高宗永徽三年（652）2 月规定："每至旬假，可不视事，以与百僚休沐"，

唐《游骑图》（部分）。作者佚名，画上共七人，其中五人骑马，二人步行。他们或挟弹弓、或背弹丸，或持打马球的球杖联骑出游，反映了当时仕宦人家的生活和风尚。作者以非常简练的线条，描绘了人物和马色，劲健而富有情味。

但并未许可游宴，直到唐玄宗时方开此例。自 730 年起每到春月 18 日，从宰相到员外郎，均可得到 5 千缗赏钱，用来开筵舞乐。玄宗有时也驾御花萼楼，邀请百官回朝廷一同宴饮，君臣同乐，尽欢才散。

　　允许百官春月旬休游宴，包括同年 3 月恢复京内职官的职田，都是开元盛世国富民安的体现。

肖嵩挽救河西危局

开元十五年（727）九月，回纥承宗的族人护输纠合党众，为流放瀼州的承宗报仇，在甘州南部驿站巩笔伏兵袭击河西节度使王君㚟。君㚟率领数十人奋力作战，但因寡不敌众，被护输所杀。

王君㚟败丧的消息使河、陇震骇，在此前不久，吐蕃已起兵推毁瓜州城，河西局势告急。十月，朝廷任命朔方节度使肖嵩为河西节度使，肖嵩委任刑部员外郎裴宽为判官，协同君㚟判官牛仙客执掌军政，人心渐安。

肖嵩再奏请以张守珪为瓜州刺史，率领众人修筑被毁的瓜州旧城，板干才立，吐蕃突然攻至，张守珪设奇计在城中饮酒作乐，使吐蕃疑其有备，不战自退，守珪乘机带兵追击，大败吐蕃军，随后，继续率众修复城市，收合流散居民，恢复旧业。朝廷表彰其功，肖嵩也因推荐人才有功受到嘉奖。

当时，吐蕃大将悉诺逻威名远播，对河西时有威胁，肖嵩于是运用反间计，说悉诺逻和中国通谋，使吐蕃赞普疑虑而杀之。吐蕃折损一员大将，势力大为削弱。十二月，肖嵩又奏请集合陇右、河西等道兵马10余万以防吐蕃。至此，他完全扭转了河西局势，使其转危为安。

裴光庭奏请论资排辈

开元十八年（730）四月，吏部尚书裴光庭开始奏请"循资格"（即按资历）选官进阶。

唐代选官进阶本无定制，只按才能的大小而升降（唯才是选，不问其他）。有的越级超迁，有的久居下位却长期得不到擢升；有的早就取得做官资格，但20余年也得不到俸禄。而且，州县官吏也不分大小远近，有的人先当了大州大县官，后来却被移任为小州小县官。因此，并无统一的注册授官制度，较为机动灵活。

730年4月，裴光庭兼任吏部尚书后，使奏请论资排辈。具体方法是：罢官之后，根据各人"考选"的次数而累集到吏部，官位高的人少选，官位低的人多选（照顾卑官）。选次一满，就可以注册授官，按年升级，决不可超越，只要不犯错误，一律有升无降，可见裴光庭的所谓"循资格"和北魏崔亮的"停年格"，都属于重视年资、轻才学的论资排辈用人制度。此法被奏准而实行后，劣愚无作为的庸碌之辈都异常欣喜，大赞裴光庭的奏书为"圣书"，而才俊之士及有作为的官吏则无不怨叹。宰相宋璟曾与裴氏据理力争但毫无结果。裴氏还令非品官的流外人员也到门下省审定，为他们铺开升官之路。

唐代开始发行官报

　　唐代的官报，是由各地派驻长安负责呈进奏章和通报消息的进奏院和进奏官们分别向各个地方抄发的，当时通称为进奏院状报、进奏院状、邸吏状或报状。1900 年在敦煌石窟发现的唐僖宗光启三年（887）的进奏院状，就是一份唐代的官报。开元杂报是发布于唐玄宗开元十二年至十四年（724～726）的官报。"开元杂报"不是固定的报名，是唐代人对当时官报的泛称。它是"系日条事，不立首末"的"数十幅书"，其中的记事，凡"数十百条"。内容以报道朝廷政事为主。

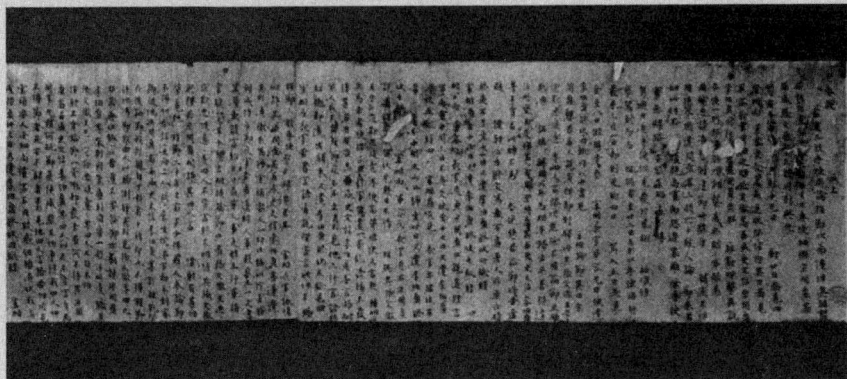

唐代官报。于甘肃敦煌藏经洞发现的进奏院状。

唐代冶金技术进一步发展

　　唐代的冶金技术与前代相比，不仅冶炼规模明显增大，而且产品数量、品种、质量都有明显增加和提高，操作技术更为纯熟。

　　一是炼铁技术的进步。1958年，在安徽省繁昌县的竹园湾、三梁山、铁牛山一带，在十里左右的范围内发现了6处较大的冶铁炉遗址，17个废墟墩，以及一些较小的冶铁址，遗址大体皆属于唐宋时期，竹园湾炉址保存较为完整，从现在保存遗址看，竹园湾炼炉是具有炉身角和炉腹角的，其炉子规模虽较古荥汉代竖炉为小，但它与当时的鼓风能力、燃料条件等更为适应，反映唐宋炼铁术比汉代前进了一大步。

　　二是胆水炼铜技术的产生和发展。约成书于唐乾元元年至宝应年间（758～763）的《丹房镜源》记载："今信州铅山县有苦泉流以为涧，挹其水，熬之则战胆矾，即成铜，煮胆矾铁釜久久亦化为铜也。"五代时，胆水炼铜术又有了发展，五代轩辕述《宝藏畅微论》载："铁铜，以苦胆水浸至生赤煤，熬炼战而黑坚"，可见当时胆水炼得的铜已有"铁铜"这一专门名称。

　　三是黄铜技术的发展。南北朝时，我国开始使用人工配制的黄铜，唐时，它不但成为服饰军级的一种标志，而且还用到佛象装饰上。《旧唐书》卷45《舆服志》中说"……八品九品饰输石，流外及庶人饰铜铁……"此处的"输石"便是黄铜，《新唐书》卷54《食货志》也有有关用黄铜做装饰的记载。

　　四是砷白铜技术的发展。砷白铜的前身是黄色铜砷合金，有关黄色铜砷合金配制方法的明确记载始见于葛洪（283～343）的《抱朴子·黄白篇》。大约在葛洪稍后，后赵（319～351）著作《神仙养仙秘术》便比较详细地记载了雄黄、雌黄制作白色铜砷合金的方法。隋唐时期，砷白铜技术逐渐成熟起来，隋开皇年间（581～600），苏元明在《金藏论》中便对雄黄、雌黄、砒霜点化黄色和白色铜砷合金的经验作了简单总结："雄黄者以草药伏住者，熟炼成汁，胎色不移，若将制诸药汁并添得者，上可服食、中可点铜成金，下可变银成金"。"砒霜者草伏住火，烟色不变移，熔成汁添者点铜成银"，以雌黄、砒霜点铜而成之"银"应是砷白铜。

五是有关失蜡法铸造技术的发展。《唐会要》卷89说：武德四年（621）七月十日废五铢钱，行开元通宝钱，"询初进蜡模，因文德皇后掐一甲迹，故钱上有掐文"，此"蠋"即蜡，"蠋模"即特质之钱样，这个记载充分说明开元宝通最初使用失蜡法铸造。

六是翻砂法铸造技术的出现。唐初开始使用翻砂铸钱，工艺原理与今翻砂法基本一致，其钱模有"铜母"、"锡母"两种。

七是锻铁工艺的继续使用。我国古代可锻铸技术在汉魏时期已发展到了相当成熟的阶段，后因炒钢技术的发展，在农业、手工业工具中出现了"以锻代铸"的过程，铸铁可锻化退火处理亦逐渐衰退下来，但从现有分析资料看，一直到唐代还使用过这一工艺。

王希明重建三坛二十八宿

　　中国古代第一个完整的星宫体系是西汉时期由司马迁总结完成的，记录在《史记·天官书》中，这是一个将二十八宿划分为东南西北四宫，将北天极附近天区划入中宫的五宫体系，天有五星，星有五宫，地有五行，司马迁的星宫体系虽然较为完善，但未能区分汉代以前早已形成的巫咸、甘德和石

唐梁令瓒《五星二十八宿神形图》（部分）

申三家星宫。

第一个又能区分三家星，又是统一的一个星宫体系是三国时代吴国太史令陈卓建立起来的，该体系划分有 283 个星宫共 1464 颗星，除了二十八宿还有铺宫附座。刘宗元嘉十三年（436），太史令钱乐之曾制作过地平在球内的浑天象和地平在球外的浑象，上面所缀星象用红、白、黑三种颜色分别表示石、甘、巫三家星宫，是陈卓星官体系在浑象上的具体应用。

隋文帝杨坚在位期间让天文学家庾秀才、周坟等人以钱乐之浑象上的星官为底本，参照周、齐、梁、陈各国官方星图以及祖暅、孙僧化等各家私家星图，重新编绘出一幅图形星图，该图核校了甘、石、巫三家星位，绘有内规和外规，内规以内的星常见不稳，外规以外的星为观测不到的南天星，中间绘有黄道和赤道，当时由于不懂黄道投影到赤道平面上为一扁圆而将黄道也画成一个大圆，但这幅星图使陈卓星官体系得以留传。

陈卓的星宫体系还通过星象赋的形式留传，这就是在敦煌发现的陈卓所撰的《玄象诗》。《玄象诗》中虽然出现紫微垣、太徽垣和天市垣三垣的名称，但其中只有紫徽垣单独列出，太微垣和天市垣是在介绍三家星中顺便提到的，没有叙述"围垣"内的恒星，只介绍了作为"围垣"的诸星，另外，书中介绍星官的顺序并未按二十八宿，而是按石氏中外官、甘氏中外官和巫咸氏中外官的顺序进行，从客观效果上看，不按二十八宿编排，实用中不方便。

唐代改变了这种因强调三家星的区别而打乱二十八宿的旧体系，丰富了三垣的内容，建立了在中国古代流传最久的三垣二十八宿体系，这一新体系的建立者是《步天歌》的作者王希明。

王希明是唐代开元时人，《新唐书·艺文志》记有"王希明丹元子步天歌一卷"，很可能他号为丹元子，步天歌星宫系继承了陈卓区分三家的作法，但是在原有基础上有了很大的发展，王希明根据当时实际使用情况，舍弃了许多原三家星，削弱三家星的作用，按三垣二十八宿星新规划了全天可见的星宫，更加方便和实用。

《东方亢宿》四星恰以弯弓状，大角一星直上明，折威七子亢下横，大

唐梁令瓒《五星二十八宿神形图》（部分）。绢本设色。中国古代对天文的研究有很高成就，对五星观测起源很早，而对二十八宿的了解也始于渭水周族，以赤道距度为凭测天，表现了上古天文学的进步和特色。在特定的历史环境下，许多古代天文学家也擅长占卜，这种占星术引起对星象观测的注意，对天文学的发展起了一定作用。在古代若干观天历算的经典中，往往将五星、二十八星宿比喻为人形、兽形、鸟形及器用等，这些经典时常附图，《五星二十八宿图》应属这一类型的图绘。每星、宿一图，或作女像，或作老人，或为婆罗门及其他怪异形象不等，卷首题"奉义郎陇州别驾集贤院待制仍太史梁令瓒上"，其后逐段篆书题其星、宿名称及形象。

角左右摄提星，三三相对如鼎形，折成下左顿玩星，两个斜安黄色精，顽西二星号阳门，色若顿玩直下存。

《西方娄宿》三星不匀近一头，左更右更乌夹娄，天包六个娄下头，天庾三星仓东脚，娄上十一将军侯。

郑樵在《通志·天文略》中认出《步天歌》"只传灵台，不传人间，术家秘之，名曰鬼料窍"，但由于它"句中有图，言下见象，或约或半，无余无失"，还是秘密地有所流传，所以有不同版本的《步天歌》留传于世，正因为如此，三垣二十八宿的星官体系得到普及。

星图进入日常装饰

隋唐时期的天文学发展很快，取得的成就也是喜人的，恒星观测体系的完善使得人们有更多的机会了解天上的恒星，同时也使得星图进入日常装饰。

星象知识的普及可以从敦煌藏经洞中发现的星图以及唐代和五代时期的墓室星图看出，现今知道的一些唐代墓室星图多为表意性的，属于唐代早期的李寿墓的星图有带三足鸟的日像与有摇树玉兔的月像，分别绘予两端，中间有分叉的天河、天河两旁是缀满星点的星空背景：唐懿德太子及其妹永泰公主墓以及章怀太子墓室中也有类似的天象图，其用意不得而知，可能是为了使死者免于在永久的黑暗之中，让他们继续生活在有日月星三光照耀的环境之中吧，但是位处边陲的新疆阿斯塔那墓室星图，除日月以外周围还有二十八宿的形象，银河位于中央，这幅唐代的墓室星图虽然也是表意性的，但是星点已不是随意点上去的，二十八宿图案经艺术化处理显得十分齐整，然而各宿的形象仍很易辩认，可见当时星象知识的普及程度，此外，出土的唐代铜镜上也有二十八宿图案，这是上层社会的日常用物，反映出工艺设计匠人的天文知识水平。

值得特别提出的是五代时期吴越国的墓室星图，例如杭州出土的越国文穆王钱元瓘墓内的石刻星图及其次妃吴汉月墓的石刻星图，这些图直径两米，图上二十八宿的位置是参照位置比较准确的星图底本刻出来的，看来这些星图含有比装饰更深的内涵。

白云子创三戒

景云二年（711），唐睿宗请司马承祯（自号白云子）到宫中，询问"阴阳术数之事"。司马承祯以"无为之旨，治国之道也"应答，得到睿宗的大力赞赏，并赐与宝琴、霞纹帔等物。承祯不想住在长安，坚决要求回天台山，睿宗同意了。尚书左丞卢藏用指着终南山说："在这山隐居就很不错了，何必非要回天台？"承祯道："依我看来，此山不过是求官的近路罢了。"原来卢藏用当年就曾隐居终南山，以示清高不愿为官；武后听说，征聘他为左拾遗，现卢已官至尚书左丞，因此司马承祯这样说是有所指的。

司马承祯（647～735），河内温县人，法号道隐，是南朝著名道士陶弘景的四传弟子，事师潘师正。著道书多种，其中以《坐忘论》和《无隐子》最为重要。

白云子在道教中，不注重炼丹、服食、变化等数术，而提倡静修正心。他大量吸收佛教止观学说及儒家正心诚意之学，以老庄思想为主体，阐释"主静"和"坐忘"的修养理论。他认为，道是一种神妙莫测的东西，如果能得到它，就可以长生不死，即"人怀道，形骸以之永固"。人要"得道"，关键在于"修心"，因为"心为道之器宇，虚静至极，则道居而慧生"。而"修心"的关键又在于"主静去欲"，这样才能达到进入道的第一步功夫。进一步的修炼功夫是要达到"无心于定，而无所不定，故曰泰定"的境界，即所谓"坐忘"，"坐忘者，何所不忘哉？内不觉其一身，外不知乎宇宙，与道冥一，万虑皆遗。"

最终达到"安坐收心离境，住无所有，不著一物，自入虚无，心乃合道"的修真境界。他还提出了斋戒、安处、存思、坐忘、神解的修道五步骤，称为五渐门；又以敬信、断缘、收心、简事、真观、泰定、得道定出修道七阶次；最后将二者概括为"三戒"："一曰简缘，二曰无欲，三曰静心"，形成了较完备的修道理论。

绢帛代钱衰落

　　绢帛是丝织物的总称，有锦、绣、绫、绮、罗、纱、绅、绢、绝、缬、缎等种类，这些丝织物都可以被当作货币使用，其中最普遍的是绢和缣。除此之外，以麻、苎、葛等为原料的布也可以作为货币使用。这种以绢帛为货币的习俗从南北朝一直延续到隋唐五代，不仅在民间广泛使用，而且也得到了政府法律的确认，成为重要的法定支付手段之一。

　　唐政府不仅多次下令申明绢帛作为货币的合法性，而且还鼓励民间交易中使用绢帛为货币。唐玄宗曾在敕令中强调"布帛是本，钱刀是末"，并规定所有庄宅口马交易都要先用绢、布、绫、罗、丝等物，其余市价1000以上的也要钱物兼用，否则便给予处罚。因此，唐代民间交易中绢帛的使用非常广泛，旅行的路费、馈赠、赏赐、借贷、蓄藏等均使用绢帛。政府不仅庸调收纳绢帛，租税在两税法后也多纳绢帛。唐穆宗长庆（821～824）以后，政府甚至直接征收绢帛。政府在支付官吏俸禄、军费和皇帝赏赐大臣时也常常使用绢帛。在唐政府与周边民族的对外贸易和交流中，绢帛也具有非常重要的地位。

　　但绢帛为货币流通的现象是商品种类少、商品交换与货币经济不发达的表现。绢帛一经裁割，质地就会破损，久藏则会变质或朽坏，价值就会减损，而且也以避免短狭、薄绢之弊，所以作为货币的绢帛始终有很多缺点，与铜钱相比不如铜钱易于携带和保存。因此绢帛只是在初唐和盛唐时期作为货币盛行，但在盛唐时也开始受铜钱的排挤；随着商品交换和货币经济的迅速发展，绢帛作为货币的使用已越来越少，唐开元时期已很少有人愿意使用绢帛，致使政府不得不一再地申明和鼓励使用绢帛。

　　唐中叶以后，社会分工进一步扩大，社会经济得到了极大的发展，特别是最有典型性的茶业的兴盛和市场不断开拓，都使铜钱的流通不断增加，使绢帛的流通使用日益减少，越来越衰落。

水稻成为第一作物

　　从《齐民要术》和《四时纂要》的有关记载来看，隋唐农作物的构成有较大变化，粟、麦、稻是当时的三大粮食作物，但直到唐初仍以粟为首

梯田。战国时可能就有梯田，北魏《齐民要术》中的区田法为梯田雏形。经唐一代的发展，到宋代，梯田之名见于典籍。

位，随着南方水稻生产的发展，纳稻代粟的数目越来越大。中唐以后，南方稻米岁运已达 300 多万石（《旧唐书·食货志》下）。中唐以后，南方的水稻在粮食生产中的地位已超过了粟，水稻成为第一作物。首先，品种的增多促进了水稻生产的发达。当时水稻品种缺乏系统记述，从唐诗和《四时纂要》等书的零星记载中收集到的品种有白稻、香稻（香粳），红莲、红稻、黄稻、獐牙稻、长枪、珠稻、霜稻、罢亚、黄䆉、乌节等 12 种，绝大多数为长江流域及其以南地区所有。其中除白稻、香稻，黄稻以外，另外 9 种前代文献均未有记载，当为隋唐时新增品种，而且多属晚稻品种。同时，唐代水稻的种植面积比前代大大增加，并广泛采取育身移植的栽培方法。

因此，水稻新品种的增加和晚稻品种的出现，育秧移植和早稻的栽种，无疑提高了水稻的产量和质量，又为稻、麦复种制的出现和形成创造了条件，使两年三熟的耕作制逐渐在南方推广，有的地方可一年两熟。长江流域在中唐以来已是最主要的农业区，实行稻麦轮作复种制，水稻产量大大增加。而且，稻麦轮作复种制的形成，反映到国家赋税制度上，便成为以夏秋两征为主要特点的"两税法"得以产生和实行的基础。

另外，水稻成为第一作物和唐代农具的改进，水利灌溉事业的发展、精耕细作程度提高等因素也分不开的。由于耕地农具改进，唐代江南水田已普遍实行犁耕，耕作技术也相应提高。耕作后，要进行耙地，然后是"砺碌"，以用"破块淬，混泥涂也"。这是南方水田生产耕作精细化的一个标志。

水稻属于高产作物，自汉代起就已成为我国南方人民的主要食粮；中唐后它取代粟的地位成为第一粮食作物，反映了我国农业文明自北向南不断发展。

宦官势盛

　　唐玄宗时，宦官十分得宠，往往可以升到三品将军之位。宦官奉使命经过各州时，当地官员往往趋之若鹜。宦官所得贿赂馈赠，最少也不会低于千缗。他们中的杨思勖、高力士尤其受宠。杨思勖多次领兵征讨，战绩卓著；高力士居中侍卫，更为玄宗宠信。四方所奏章程，都先由高力士过目，然后再奏唐玄宗，而一些无关大局的事一般由高力士决断。因此，高力士权倾内外，炙手可热。当时高力士、杨思勖与王毛仲不和。王毛仲本是玄宗藩邸家奴，他看不起宦官，恃宠骄纵，但玄宗每每都原谅了他，高力士、杨思勖因其得宠而无可奈何。适逢毛仲之妻生子，高力士借机向玄宗进谗言诬害毛仲，玄宗信以为真，下令将毛仲贬为襄州（今广西上思县）别驾，毛仲的4个儿子也都贬为远州参军。毛仲到达永州后，再被赐死。从此，宦官权势益盛。高力士与金吾大将军程伯献、少府监冯绍正结为兄弟，高力士母亲麦氏去世时，伯献等人披发受吊，号啕痛哭，胜过失去自己的亲人。高力士还娶吕玄晤之女为妻，提拔玄晤作少卿，其他兄弟为王傅（唐诸王傅，从三品官）。吕氏死后，朝野上下竞相祭拜，从邸第到墓地，车水马龙，络绎不绝。尽管如此，高力士处世还是比较谨慎的，安于权位，始终没有酿成大害。因此，唐玄宗一直十分信任他。

赐吐蕃以诗书

　　开元十九年（731）正月，唐政府派遣鸿胪卿崔琳出使吐蕃；三月，崔琳回到唐，吐蕃使者称金城公主要求赐予《毛诗》、《春秋》、《礼记》等书。唐廷内部争论不休。有人主张不给，理由是汉代懿亲东平王要求《史记》、《诸子》都没有给，况吐蕃本来就是唐的仇敌，如果将书赐予他们，他们就要学习用兵的法则，以后不利于中国。裴光庭等人却认为，吐蕃长期以来没有开化，思想愚昧，顽固不化，而且与中原分裂、争斗，新近才刚刚臣服。现在他们请求赐书，正是想开化愚民，启迪思想，渐渐与中原文化相归化。书中虽然有一些谈军事、谈权谋、谈奸诈的话语，但是大部分仍在启发人们行儒宗教化，教育人民学习忠信礼义之法则，能使其人民明白事理，这又有什么不可呢？唐玄宗听了两派建议之后，认为裴光庭等人所言很有道理，于是就把《毛诗》、《春秋》、《礼记》等一些儒宗经典各一部赐予了吐蕃使者，并允许吐蕃在赤岭和中原进行边关贸易，促进双方经济交流。

《论语》。孔子的《论语》，既有为人处世道德水准的阐释，又有治国思想的陈说，所以被后人奉为儒家经典。图为唐写本郑玄注《论语》残页。

行开元新礼

开元二十年（732）九月，《大唐开元礼》颁行。

古代有王礼，祭祀为吉礼，丧葬为凶礼，军旅之事为军礼，宾客之事为宾礼，婚宴之事为嘉礼。唐初，太宗命魏征、房玄龄增补隋礼编成《贞观礼》，共130篇；高宗时，又命长孙无忌加以修改，整编成《显庆礼》，共130卷。开元十年（722），玄宗李隆基任命国子司业韦为礼仪使，掌管五礼。从十四年（726）起，大臣纷纷上书指出贞观、显庆礼的不足之处，张说建议删改《五礼仪注》，

唐仪仗壁画

李隆基采纳了他的意见，诏令集贤院学士徐坚、李锐、施敬本等人制定新礼。编定工作尚未完成，李锐去世，肖嵩于是代替李锐，继续编撰。732 年 9 月，新礼编成，命名为《大唐开元礼》，共 150 卷。

开元礼仍由吉、凶、军、宾、嘉五礼组成，而且许多地方参考或沿袭了前代诸礼。开元礼吸收了显庆礼的祈谷、大雩、明堂等祭祀昊天上帝之礼；也吸收了上元敕令中父亲尚在子为母斋衰三年之礼，另外，它参考收集了高祖配圜丘、方丘及太宗配雩祀、神州地祇和睿宗配明堂等礼。

新礼编撰完成之后，立即呈送唐玄宗李隆基审阅，然后下诏全国实行。《开元礼》制定了比较完备的礼仪，后世一般沿用此礼，有时也增加或删改，但多数没有逾越此礼。贞元以后行"开元礼举"，即以《大唐开元礼》为依据。

李林甫为相

开元二十二年（734）五月二十八日，李林甫被任命为礼部尚书，同中书门下三品。李林甫原为吏部侍郎，柔佞多狡诈，他与宦官、妃嫔家交情深厚，故而对皇帝一举一动最先知道。因此他每次都能顺皇帝心态奏旨，获得唐玄宗赏识。当时武惠妃最得宠，其子寿王瑁也最受玄宗宠爱。李林甫于是谄附武惠妃，擢升为黄门侍郎。734年5月28日，玄宗任命裴耀卿为侍中，张九

唐代三彩人头哨、陶兽头哨。左为三彩人头哨，深目高鼻，似为当时西域少数民族形象。右为兽头哨，头顶及面部有吹孔。两件均属儿童玩具。

龄为中书令，李林甫为礼部尚书，同中书门下三品。从此李林甫渐渐专权。在他 19 年为相生涯中，玄宗对他始终深信不疑。李林甫是著名的奸相，喜欢玩弄权术，表面上甜言蜜语，背后却阴谋暗害。凡被玄宗信任或反对他的人，他总会亲往交结，等他权位在握时，便设计去除此人。即使是老奸巨滑的人，也往往败在李林甫的手下。同时为相的张九龄、裴耀卿等都被他排挤罢相。李林甫任宰相期间，朝堂上再没有人敢直言谏上。唐代衰落，就是由此开始的。

唐玄宗以韩休为相

开元二十一年（733）三月十六日，唐玄宗任命韩休为黄门侍郎同平章事。

裴光庭于开元二十一年（733）三月去世后，唐玄宗问肖嵩，谁可以代替裴光庭。当时，肖嵩和右散骑常侍王仲丘十分投缘，想推荐他。但王仲丘听说后，坚决不答应，执意让给尚书右丞韩休。肖嵩便向玄宗推荐韩休。韩休任宰相期间，为人刚正不阿，凡事进谏力争，甚允时望。当初，肖嵩因韩休性情温和，以为这人容易制服，所以才推荐他，等到与他共事，才发现并非如此，于是渐渐厌恶他。唐玄宗和后宫嫔妃偶尔玩乐过度，就会问左右的侍从："韩休知道吗？"刚说完，韩休的谏书就到了。有一次唐玄宗照镜子，闷闷不乐。左右侍从说："让韩休作宰相，陛下比以前可瘦多了，为什么不赶走他呢？"唐玄宗感叹地说："我虽然瘦了，天下人一定会胖起来。肖嵩奏请的事情一定随顺我的心意，但是退朝之后，我常常睡不安稳；韩休常与我据理力争，但我退朝后，心里是踏实的。我任用韩休，不是为了我自己，而是为整个国家打算啊！"话虽这样说，唐玄宗却仍没有长久地信任韩休。韩休曾多次在玄宗面前与肖嵩争论，当面指责肖嵩缺点，玄宗十分不高兴。开元二十一年（733）十月二十四日，肖嵩被罢为左丞相，韩休则被降职为工部尚书。韩休为相前后仅8个月时间。

方士张果入宫

　　方士张果自称有神仙之术，在尧的时代曾为侍中，至今天已上千岁。开元二十二年（734）二月，唐玄宗派人将其迎入东都。在此之前，张果来往于恒山。武则天以后多次被征召，他都没有动身。唐玄宗时，曾派通事舍人裴晤前去迎接，张果没有答应。后经恒州刺史韦济一再推荐，玄宗又派中书舍人徐峤赍玺书前去迎接他。张果于734年二月到达东都，肩舆入宫，玄宗以礼相待，恩宠有加。张果向玄宗呈上自己所著的《神仙得道灵药经》、《阴符经玄解》及《丹砂诀》等书。八月，张果恳辞还山，玄宗为其造栖霞观，制以为银青光禄大夫，号"通玄先生"。张果即是道教八仙中张果老的原型。

《张果见明皇图》卷。元任仁发绘。

裴耀卿掌运漕米

　　开元二十二年（734）七月，裴耀卿被任命为宰相，兼江淮、河南转运使，督运漕米。裴耀卿在开元二十一年（733）任京兆尹时，已向皇上呈献过从京都转漕、沿河设仓的策略。上任后他便开始着手完成这项工作。

　　开元二十一年（733），关中久涝成灾，欠收而谷贵，同年九月，裴耀卿已提出救济之策。第二年，裴耀卿先在河口（汴水达河之口，今河南荥阳西北）设置"输场"，输场东面建"河阴仓"（今荥阳东北），西面建"柏崖仓"（今河南孟县沿河之西，原系旧仓修复）；在三门东面设置集建仓，西面设置盐仓；

敦煌壁画《弥勒经变局部·农耕》

并凿漕渠18里以避开三门之险。三门峡自古浪急滩险，裴耀卿督运漕米之前，江淮一带的米首先要运进东都洛阳的含嘉仓，然后再雇车陆运300里到达陕州。这样虽然可以避过三门之险，但运费每两斛就需花钱一千，非常昂贵。裴耀卿改变了这种方式，他令江淮舟米先送河阴仓，然后用河舟运到含嘉仓（当时含嘉仓紧靠黄河），经河及漕渠联运到太原仓，再入渭水输至关中。这样一来，运米量大增，费用则大减，3年之内，裴耀卿负责的江淮、河南漕运米700万斛，省去陆运车资30万缗钱，裴耀卿将这30万留作将来籴米的基金。曾有人劝耀卿将所节约的钱献给朝廷，耀卿说："这是河漕转运的赢余，怎能作个人市宠之用！"关中地区从此储粮丰富，不再惧怕水旱诸灾。

刘秩反对开放私铸

唐初商品交换不发达，铸钱数量很少，更多的是用绢帛作为交换手段。开元天宝时（713～755），随着商业的高度发展，钱币供应不足，便开始大量铸钱，而且竟允许私铸。开铸钱炉近百处，一年铸钱32万多贯，以后继续有增加。中唐以后，钱重物轻成为十分突出的社会现象，引起许多思想家们的争议探讨。

开元二十二年（734）刘秩为反对张九龄开放私铸政策上奏《货泉议》，表明他的货币思想。

他认为货币的作用在于"平轻重而权本末"，它的流通使用关系到国家的盛衰，因此需要政府的统一管理，严禁民间私铸。他指出自己反对开放私铸的理由如下：货币是"人主之权"，政府应严格控制把关，不能轻易放弃；货币是用以调节物价的，"物贱则伤农，钱轻则伤贾"，因此在货币流通铸造发行方面，政府应起到总体调控的作用，开放私铸必将导致混乱；私铸必然产生恶钱，若再禁恶钱就必然会把百姓置于法网，引起民怨；铸私钱利润惊人，会造成农民弃耕铸钱，从而减少生产，恶化社会经济状况；私铸者大量聚敛财富，会使贫富不均现象更加严重，给国家造成隐患。他提出的解决方案是严禁铜器的使用，这样既能断绝私铸原料，又能集中于官府以增加钱币数量，有利于工商业的发展。刘秩还将货币购买力同人口数量和货币数量联系起来考察，认为造成钱重物轻现象的原因在于铸钱不增加而人口日益增加，这是中国古代货币理论方面的新发展。

唐玄宗免安禄山死罪

开元二十四年（736）四月，安禄山奉旨讨伐奚、契丹叛唐部落，兵败当斩，唐玄宗惜才免其死罪。

安禄山（703～757），营州柳城（今辽宁朝阳南）胡人。本姓康，随母嫁突厥人安延偃，因而改姓安，更名禄山，他骁勇善战，且诡计多端，善揣摸人意，被幽州节度使张守珪收为养子，因战功升为左骁卫将军。

开元二十四年（736）三月，张守珪派安禄山讨伐叛唐部落。由于恃勇轻进，安禄山大败而归。四月，张守珪奏请玄宗斩安禄山。安禄山临刑时大呼：奚、契丹尚未降服，为何斩我安禄山。张守珪也爱惜他骁勇善战，于是将其送往京城，请朝廷裁决。李隆基觉得安禄山是个人才，于是赦免其死罪，削去官职，以白衣充将领。张九龄据理力争，认为安禄山不顾军律，丧失所统军队，按照国家刑律不可不诛，而且看其貌有反相，不杀必为后患。玄宗不听，反劝张九龄莫以此枉害忠良。

安禄山被赦免之后，以巧善事人，锐意钻营，凡有朝廷官员前往平卢，他都用重礼贿赂，受贿官吏在李隆基面前每每称誉安禄山，以致使李隆基误以为安禄山是贤良之臣。开元二十九年（741），御史中臣张利贞任河北采访使，到达平卢后，安禄山用重礼厚贿上上下下的官员。张利贞回朝之后，在玄宗面前极力称赞安禄山的才干。八月，李隆基任命安禄山为营州都督，充平卢军使、两蕃、渤海及黑水4府经略使。从此以后，安禄山的势力便越来越大。

张九龄罢相

开元二十四年（736）十一月二十七日，唐玄宗任命张九龄为尚书右丞相，罢知政事。开元二十五年（737）因牛仙客之事，张九龄再被贬为荆州长史。

张九龄（673～740），一名博物，字子寿，韶州曲江（今广东曲江北）人，唐玄宗开元时宰相。他少年有文名，弱冠登进士，历任秘书监、集贤院学士，开元十九年（731），任中书侍郎等职。张九龄曾上书唐玄宗，主张重视地方官人选，纠正重内轻外风气。后因反对李林甫为相，遭李林甫忌恨。

唐八卦纹镜。镜有为官清正之寓意，故出土甚多。

开元二十四年（736）夏，玄宗命高力士赐九龄白羽扇，张九龄于是献上《白羽扇赋》寄托心意。张九龄想推荐其好友严挺之为相，却因严挺之为人正直，鄙视李林甫的为人，及替其前妻之夫开脱坐赃罪之故，遭李林甫中伤。于是玄宗将以前积怨一并算起，借口裴耀卿和张九龄结党营私，于开元二十四年（736）十一月二十七日，以耀卿为左丞相，以九龄为右丞相，并罢政事，同时任命李林甫兼中书令，以牛仙客为工部尚书，同中书门下三品，领朔方节度如故。牛仙客为李林甫引荐，只知唯唯诺诺听命李林甫，从此朝堂直言之路被断绝。开元二十五年（737）四月，监察御史周子谅弹劾牛仙客，又引谶书为证，唐玄宗认为此事太荒唐，下令杖责周子谅，然后发配襄州（广西上思县）。因周子谅是张九龄引荐的，故四月二十日，张九龄被再贬为荆州长史。

张九龄为相尚直、贤明，敢于直言劝谏，以国家为己任，因而被奸人陷害。他虽然因忤旨被逐出朝堂，但唐玄宗仍从心底喜欢他的为人，每当遇到被推荐之人时，玄宗常常会将其人与他相比。张九龄于开元二十八年（740）二月在荆州去世，享年68岁。

张九龄不但是一个杰出的政治家，还是名噪一时的诗人。他才思敏捷，文章高雅，诗意超逸，宰相张说称其为"后出诗人之冠"。他的《感遇》、《望月怀远》等诗，都是千古传颂的名作。他有《曲江张先生文集》二十卷流行于世。

唐破吐蕃

开元二十五年（737）二月，唐破坏盟约，出兵袭击吐蕃。

唐与吐蕃议和以来，边疆安宁，人民富庶。河西节度使崔希逸派遣使者告知吐蕃边将乞力徐，希望双方撤兵。在崔希逸的一再坚持下，乞力徐最终只得同意。于是两边杀白狗为盟，双方尽撤守备，吐蕃开始在唐蕃交界地区畜牧，牛羊遍见。此时，正好吐蕃向西攻打勃律，勃律大败，向唐告急。玄宗命吐蕃罢兵，吐蕃拒绝，玄宗大怒。而当时，又逢希逸的侍从孙海入朝奏事。

唐《骑马人物图》。纸本设色。敦煌藏经洞发现。描绘一个骑红鬃马，另一随从乘黑马，手执一长柄伞。左侧有树，地面花草数点。内容或系经变故事之一部分。

孙海想立功，奏称吐蕃没有防备，若偷袭一定会大获全胜。玄宗于是派内给事赵惠琮和孙海同往河西。赵惠琮到河西后，假传圣旨命令崔希逸偷袭吐蕃。崔希逸无奈，开元二十五年（737）三月二十五日发兵从凉州南攻入吐蕃，在清海西大破吐蕃，乞力徐脱身逃走。崔希逸内怀愧疚，赵惠琮和孙海却因此得到重赏。从此吐蕃拒绝向唐朝纳贡，唐蕃关系再度破裂，双方之间战事不断。

开元二十六年（738）七月，唐将杜希望率领鄯州之兵南夺吐蕃河桥，在河的左面筑起盐泉城。吐蕃发兵 3 万迎战。左威卫郎将王忠嗣率其部先犯敌阵，使敌阵势大乱，杜希望乘机破敌。九月，吐蕃发兵营救安戎城，剑南节度使王昱弃城逃走。开元二十七年（739）十二月，唐出兵夺回安戎城，将其改名为平戎城。次年十二月，金城公主在吐蕃去世。吐蕃派遣使者向唐告丧，并希望与唐和好。但遭玄宗拒绝，未能如愿。

外丹道盛极

　　唐代，在帝王与贵族的倡导下，变化黄白、飞炼金丹之术颇为流行，是中国道教史上外丹道最盛极的时期，被称为道教外丹的"黄金时代"。

　　烧炼金丹，在统治者以及一些贵族士人是为长生，永做富贵神仙，对道士来讲，有的为实现信仰，证成真道，有的则利用求丹者的迷信贪欲，借以换得尊荣，骗取钱财，武则天乞求一道士"九转之余，希遗一丸之药"；唐玄宗"100年服药物"（指金丹），宪宗、穆宗、武宗、宣宗等都服用金丹；大诗人李白，青年时代迷于求仙访道，采药炼丹，曾通过极其烦难的入道仪式，成为一名道士。

光明砂。西安何家村出土唐代服食炼丹药材。

次上乳。西安何家村出土唐代服食炼丹药材。

鎏金舞马银壶。西安何家村出土唐代服食炼丹器具。

唐代外丹道的兴盛发达，其一表现为丹道理论的发展。此时，由"夺天地造化之功，盗四时生成之务"的丹道思想发挥出自然还丹说、用药相类说、火候直符说等炼丹学说。自然还丹说认为，上仙服用的药丹，是天火所赐，自然而成的，人可铸炉鼎以仿宇宙，鼎三足以应三才，上下二合以应二仪，足高四寸以应四时，炭分二十四斤以应二十四气，水火相交以象阴阳交感，这样便可浓缩地再现自然成丹过程而炼就金丹。用药相类说信奉阴阳和合变化顺宜的相类观念。有时还采用中医"君

刻花金碗。西安何家村出土唐代服食炼丹器具。

臣佐使"的理论，如以水银为君，硫黄为臣来配药。火候直符说则强调火候的掌握要符合阴阳消长的自然之道。据太阳的运行规律，一月内分六候，一年十二月通于十二消息卦，炼丹时应照天时或用文火，或用武火，或进阳火，或退阴符。

其二，表现为炼丹流派众多，由于炼丹用药的理论方式不同，唐代外丹道分成许多流派，其中金砂派、铅汞派、硫汞派较为重要，金砂派重视黄金（多为类似黄金的金属化合物）和丹砂，借黄金以自坚固，借丹砂以成变化。它上承葛洪，代表人物有孙思邈、孟诜等。铅汞派"只论铅汞之妙，龙虎之真"，而排解其他杂药，代表人物有郭虚舟、孟要甫、刘知古、柳泌等人。硫汞派则主用硫黄和水银合炼，认为"硫黄是太阳之精，水银是太阴（月亮）之精，一阴一阳合为天地"。唐后

刻花银碗。陕西耀县背阴村唐窖藏出土皇家服食炼丹器具。

期炼丹逐渐增加了动植物用药,减少了矿物用药,因矿物往往合炼成有毒物质,杂质又不易清除,危害人体。

其三,表现为用药范围逐次扩大,种类日渐繁多。《太古上总经》中有五金四黄八石之说,成书于唐的《真元妙道要略》还有铅、石英、云母、赭石等;梅彪著的《石药尔雅》竟收有炼丹药名150多种。此外,炼丹经书之多,炼丹方法之精,器物设备之新,社会影响之大诸方面,唐代的外丹道都是空前绝后的。

炼长生药的丹砂,在火化后,便离析出硫黄而剩下水银,人吃了金丹,就会中毒死亡。纵使少数人服丹后会病愈或身健,也不能长生,而大多数仅是速死,唐初统治阶级中的一些人,对道家长生术的荒诞无稽已有所认识。当时编纂的《隋书》曾说:"金丹玉液,长生之事,历代糜费,不可胜纪,竟无效焉。"但统治者仍迷醉不醒。唐太宗服丹药中毒而死;唐宪宗不顾臣下激切谏阻,服道士柳泌炼的"金丹"丧生;唐穆宗为此杀了柳泌,指责他"人神所共弃",自己却也吃金丹而死;大肆灭佛的武宗对佛教的"坏法害人"看得清楚,却被道教迷了心窍,最后食道士杜元阳炼的"仙药",生疮脱发暴死;一度标榜不再受道徒迷惑的宣宗,诛戮了赵归真,却又恭迎别的道士进宫,最终也被金丹仙药致死。另有不少达官贵人也因服食丹药中毒致死,在这种严酷的事实面前,怀疑和否定外丹的思潮遍布朝野,有识之士纷起抨击,炼丹道士往往因骗术败露而被诛贬逐。此外一些方术相士,借外丹之名,烧炼假金银,骗取钱财,也损害了外丹术的声誉。外丹道终于在唐末五代走向衰落。

唐三层五足银薰炉

炼丹家发现火药三成分

中国炼丹家在长期的炼丹实践中逐渐发现掌握了火药的性能，在唐代已发现火药三成分。

隋末唐初医学家、炼丹家孙思邈（581～682），史称药王。选录入《诸家神品丹法》的《孙真人丹经》，相传是孙思邈所撰，记载有多种"伏火"之法。其中有"伏火硫黄法"，使用了硫黄和硝石。

唐宪宗元和三年（808），炼丹家清虚子在其所著《太上圣祖金丹秘诀》（后选入《铅汞甲庚至宝集成》卷二）"伏火矾法"中也记载有将硫黄伏火之法，这类伏火之法，原意是为了使硫黄改性，避免燃烧爆炸。但同时他们认识到，上述丹方中含有硝石、硫黄和"烧令存性"（即碳化）的皂角子或马兜铃粉，三者混合具有燃烧爆炸的性能，从而发明了原始火药。炼丹家正是通过他们的长期实践，才发现硝石、硫黄和木炭等混合物的爆炸性能，因此，至迟在808年以前，含硝、硫、炭三成分的火药已经在中国诞生。

在中唐以后成书的《真元妙道要略》中，更有明确的记载："有以硫黄、雄黄合硝石并蜜烧之，焰起烧手、面及烬屋舍者。""硝石宜佐诸药，多则败药，生者不可合三黄等烧，立见祸事。凡硝石伏火了，赤炭火上试，成油入火不动者即伏矣。……不伏者才入炭上，即便成焰。"三黄是指硫黄、雄黄和雌黄。原始火药也由此而逐渐进入军事应用的新阶段。

茶业发展成熟

　　茶业在唐代南方的农业经济中是一个重要部门。茶业经过历代的发展，到唐代已发展成熟。

　　我国是茶的故乡，现今世界产茶国家的茶都是直接或间接地由我国传入，加以改进而发展起来的。我国利用和栽培茶树早在商代就已开始，到了汉代，茶叶已发展为商品，巴蜀是当时全国茶业中心，饮茶之风在四川也已盛行。魏晋南北朝时期，长江中下游茶业获得显著发展，但在北方茶叶尚属少见。唐代，南北统一，交往密切，饮茶风气也普及北方，《封氏闻见记》卷六《饮茶》记载："人自怀挟，到处煮饮，从此转相仿效，遂成风俗。自邹、齐、沧、棣，渐至京邑，城市多开店铺煎茶卖之，不问道俗，投钱取饮。"中唐以后，饮茶风气更是普遍，"上自宫省，下至邑里，茶为食物，无异米盐"，说明当时茶已成为人们日常生活的必需品。在边疆少数民族居住地，饮茶风气也进一步传开。"茶道大行"，"流于塞外，往年回纥入朝，大驱名马，市茶而归"（《封闻见记》），吐蕃地区也运入了汉族地区生产的各种名茶。

　　饮茶的风行，促成茶成为当时重要的商品，南方茶叶大批运往北方。茶叶需要量的增加，势必会促进茶业的发展。除了野生的茶树外，还大量进行人工栽培。唐代茶叶产地大大增加，遍及今四川、云南、贵州、广东、广西、福建、浙江、江苏等十五个省区（当时是 50 个州郡），其地理位置多为气候温湿的秦岭、淮河以南，这些地区的许多丘陵和山坡上都种植了茶树。历史记载，"江南百姓营生，多以种茶为业"（《全唐文》卷 976），江淮人家也"什二三以茶为业"（《册府元龟》卷 510）。除了农民自己种植的茶园外，

茶罗子。名茶的制作工艺讲究，甚至需要专门的工具。图为陕西扶风法门寺出土的唐代鎏金仙人驾鹤纹壶门座茶罗子。

茶碾子。陕西扶风法门寺出土的唐代鎏金鸿雁流云纹茶碾子。

地主和官府也经营茶园，《元和郡县志》卷25载："长城县（今浙江长兴县）、顾山县西北四十二里，贞元已后，每岁以进奉顾山紫笋茶，役工三万人，累月方毕"，由此可见当时有的茶园规模很大。

唐代制茶业也已相当发达。当时的茶叶分为觕（粗）茶、散茶、末茶和饼茶四类。据《唐国补史》记载，唐代已出现名茶二十多种，"风俗贵茶，茶之名品益众"。

随着茶业的发展成熟，茶树栽培技术积累了许多宝贵经验，《四时纂要》里有较全面而翔实的记述，包括种植季节、茶园选择、播种方法、中耕除草、施肥灌溉和遮荫措施等。后世一些农书和茶书中有关茶树栽培技术的记载，都未超出《四时纂要》所记述的内容，可见唐代茶树栽培技术对后世的影响。

唐代茶业在中国茶业发展史上占有承前启后的地位。它不仅在南北朝的基础上有了迅速发展，而且影响遍及世界。正是在唐朝茶业兴盛的基础上，世界第一部茶业专著《茶经》问世；也正是在这个时期，茶树种子和栽培技术，从中国传到了日本和朝鲜。

唐置监军

　　唐代中期，地方藩镇力量开始强大起来。为了加强对藩镇的军事控制，唐玄宗于开元二十年设置监军使，由宦官担任，从此监军便成为一种制度。

　　唐朝廷在各藩镇常设的监军机关，一般称为监军院或监军使院，院置监军使一人，下有监军副使、判官、小使等僚属。监军使任期一般为三年，但也可根据具体情况提前调动或继续留任。监军往往自置亲兵。由此逐开将帅置亲兵之风。

　　监军的首要任务是保证藩镇听从朝廷的指挥，沟通中央与藩镇间的关系，如发现违法乱纪，便予以"奏察"。其次，监察节度使的政绩和军纪情况。再次，协助地方将领管理军队，消弭兵乱。

　　监军制度的设立适应了朝廷对藩镇斗争的需要，对大多数节度使有监督和制约作用，因此对维护唐中央政权的稳定发挥了一定作用。但在实施过程中出现了监军权力大过节度使的现象，而且充任监军都是多不懂军事的宦官，某些宦官甚至借监军之职专权自恣，打击异己，这样，既削弱了军队的战斗力，又激化了朝廷与藩镇的矛盾，起了相反的作用。

南诏统一六诏

唐代居住在今云南省的乌蛮人皮罗阁以西洱河为基地，以乌蛮奴隶主为核心，联合白蛮等其他少数民族奴隶主，建立了附属于唐的少数民族地方政权南诏国。

隋至唐初，滇池地区居住着白蛮，西洱河地区主要居住着河蛮和乌蛮的蒙姓部落。经过长期的融合和发展，逐渐形成了六个以乌蛮奴隶主为首的政权，称为"六诏"。六诏之间互有联姻，兵力大致相等，彼此间互有争斗。

南诏王姓蒙，始祖名舍龙，自哀牢迁居蒙舍川，世为唐官吏。吐蕃势力进入洱海地区后，为遏制吐蕃在洱海地区的发展，唐采取了支持南诏的政策。

713年，唐玄宗封皮罗阁为台登郡王。737年，皮罗阁在唐支持下战胜河蛮。738年，唐封皮罗阁为云南王，赐名蒙归义。739年，皮罗阁徙居大和城（今大理县），定之为国都，相继建立了各种制度，建立了南诏政权。统治中心在今云南西部大理白族自治州一带。

南诏建立的是一个奴隶制政权。南诏社会里基本阶级是奴隶主（王室、贵族、一般奴隶主）、奴隶、平民和部落百姓。奴隶的一个重要来源是战俘。史书记载，被俘的汉人郭仲翔给南诏人作奴隶，白天服苦役，晚上被囚锁起来，他曾被转卖三次。南诏的奴隶，多用于农业，称为"佃人"。

南诏在政治上有较为完整的制度，大抵仿效唐朝。王位继承后，需经唐封。南诏王自细奴罗至舜化贞共13王，历247年，其中有10王是经过唐王朝册封的。南诏王之下各种政府的职官有清平官、酋望和大军将。清平官总揽国务，相当于唐的宰相；大军将与清平官等列，在中央参与议定国事，到地方治军为

奏乐陶俑。唐天宝八年，南诏王阁罗凤之子凤伽异由长安回南诏，带回胡部龟兹乐两部。
此图正是南诏国演奏胡乐的艺术再现。著左衽传统胡服、脚穿胡靴的奏乐者共有八人。

节度，下设六曹。9世纪以后，由于生产的发展与经济的繁荣，南诏的政治制度也作了相应的变革，将"六曹"扩为"九爽"。这些部门的首脑都由清平官、酋望或大军将兼任。九爽之上设有督爽总领，类似唐中央尚书省长官。

南诏政权对其管内各族人民实行军事统治。地方各府的主将同时也是地方行政长官和奴隶生产的总监督主。对于自由民则实行军事编组，凡百家有一总佐，千家有一治民官，万家有都督一人。每个壮丁都要服兵役，称为"乡兵"。其中挑出勇敢善战的称"罗苴子"，从罗苴子中再挑选出"负排"，充当南诏王和大军将的卫队。每年农闲时要集中操练，根据所居远近分为四军，各守一方。战时，下文书至村邑治国官，征集壮丁入伍。无后勤供应，出境后靠掠夺粮食、牲畜作军需。

南诏的刑罚大致分为三等：杖、徙和处死。杖刑自50至杖死；徙刑则被押往"丽水瘴地"；死刑可以用钱赎，改为徙刑。

南诏统治中心区域的农业、手工业很发达，商业也很繁荣，畜牧业亦相当发达。

南诏通行汉文，许多石碑、钟铭、佛经和大量有汉字的砖瓦，均用汉文书写。南诏的建筑、雕刻水平很高。南诏人信仰由五斗米教发展而来的天师道。

南诏是在唐政府的扶持下建国的，立国后就接受了唐的册封，确立了对唐的藩属关系。这反映了南诏在政治、经济、文化等方面与内地汉族有密不可分的关系。这对双方都有益。除建国初期的友好关系处，南诏与唐的关系大体上可分为三个时期：（1）750～779年，南诏与唐兵戎相见，附吐蕃反唐；（2）780～828年，南诏与唐重归于好，经济、文化获得得迅猛发展时期；（3）829～902年，以和为主，和战相替时期。

唐玄宗倡学

唐玄宗时期是唐代学校兴盛的又一个高潮时期。

唐玄宗李隆基还在东宫时就常去太学讲论。即位后，又屡次下诏让各州县百官举荐通经学的人才。开元七年（719），玄宗敕令州县学生选送"聪悟有文辞史学者"入四门学做俊士，那些贡举落第而愿意入学的也可以入四门学学习（俊士之制至天宝十二年止），这是后世贡举入监制度的滥觞。在这一时期还规定了学生补阙的制度。如国子监所管的学生由尚书省补，州县学的学生由州县长官补。值得称道的是唐玄宗还明确规定百姓可以任意设立私学，如果想要在州县学寄读学习的（即非正式的寄读生）也可以应允。这在政策上为民间学术和教育的发展提供了十分有利的条件，使不少学者从家学和拜师求教的私学中获取了许多可贵的知识。

开元十一年（723），唐玄宗设置丽正书院，由文学名士徐坚、贺知章等人做学士，在修书之余也授课讲读，为后世学院教学提供了有益的经验。开元十三年（725），丽正书院改名为集贤书院，五品以上为学士，六品以下为直学士，待遇十分优厚。738年，朝廷敕令天下州县在各乡里设立学校，使当时的学校由州县又进一步扩展到乡里，拓宽了教育的普及面。

唐玄宗又推崇孔子之术能启迪苍灵，美化政教。在这时期，尊崇儒学用法律的形式固定了下来，被视为官方的政策。开元二十九年（741），在玄宗崇尚道教思想的指导下，礼部的祠部之下设立了崇玄学，天宝二载（743）更名为"崇玄馆"，也称"通道学"。在州府也设地方崇玄学，专门教授道教经典。天宝九载（750），唐玄宗在国子监中增设广文馆，任命郑虔为博士，

负责指导在国子监中专门修习进士业的学生。玄宗为了支持学校教育的发展，曾在天宝十二载（753）敕令天下罢乡贡之举，规定不经由国子各学及郡县学学习的学生不许参加举选。尽管这一规定在两年后取消，却产生了积极的影响，为学校教育的发展起到了促进的作用。

唐玄宗李隆基《石台孝经》

《大衍历》编成

　　唐开元年间，僧一行（俗名张遂）编撰了一部优秀的历法——《大衍历》。《新唐书·历志》中记载了该历的许多内容。该历法有很好的实测基础，一部份测量资料来自黄道游仪的观测，另一部分来自全国多个观测点的极高、日影和距离丈量。

　　《大衍历》不但有历术七篇（步中朔术、发敛术、步日躔术、步月离术、步轨漏术、步交会术、步五星术），在历法的结构和内容上形成系统，而且还力图探讨历法原理，寻找历法的本质，从哲学的角度解释历法。《大衍历》的回归年长为 $365^{743}/_{3040}$ 日，朔望月长为 $29^{1013}/_{3040}$ 日，一周天定为 365779.25/3040 度，分母都是 3040，是为通法。这些数据是建立在观测基础上的，但一行在《历议》中却用《易》释历，追求抽象的历理。这对后世影响较大，反映出唐代天文学家合历算家与星占家为一身的特点和对传统天文学体系的进一步强化。

　　《大衍历》还记载了计算七曜不均匀运动的成就，一行通过实测发现地球在近日点运行最快，在远日点最慢，而日南至接近近日点；日北至接近远日点。《大衍历》计算太阳运动是以定气为根据的，在相临两气之间绘出盈缩分，它以 $365^{743}/_{3040}$ 日为一年，将它分为 24 等，每个平气有 $153^{664.3}/_{3040}$ 日，如冬至与小寒之间盈分为 2353，则按定气算，冬至到小寒的日数为： $15^{664.3}/_{3040} - {}^{2353}/_{3040} = 14^{1351.3}/_{3040} \approx 14.44$ 日。由于定气之间的时间间隔不相等，一行又发明了不等间距二次差内插公式，用以计算太阳的不均匀运动，如求日行速度不等而引起的定朔校正数。

在推算日食上，《大衍历》也有很大的成就。皇极历给出的只是某一固定地点日食的计算方法，一行给出的计算方法则对不同地理纬度，不同季节都作了考虑，将周日视差的影响命名为"食差"，使日食计算前进了一大步。《大衍历》还有不同地区所见食分不同的描述，且已隐约谈到全食带及食带以外见食不同的道理。对判别日食的亏超方位《大衍历》也作了很好的论述，比以往的认识更全面细致。就《大衍历》对日月交食的认识和计算看，可看出经隋至唐天文学有了长足进步。但由于日月食现象比较复杂，这时还未能精确掌握日月食的预报。《大衍历》中有两次日食就是因为推算不够准确而出现预报错误。

李白奉召入京

开元十三年（725），李白二十五岁。他怀着对自己才能和政治前途的高度自信，"仗剑去国，辞亲远游"（《上安州裴长史书》），开始了生平第一次大漫游。他于当年秋天出峡，先用三年的时间游历了洞庭、襄汉、庐山、金陵、扬州等地，然后于开元十六年（728）在湖北安陆同高宗时宰相许圉师的孙女结婚定居，开始了"酒隐安陆，蹉跎十年"（《送从侄嵩游庐山序》）的生活。此时他以安陆为中心，先后北游洛阳、太原，东游齐鲁，南游安徽、江浙，足迹遍及大半个中国。这次游历，既有饱览祖国名山大川、交结朋友、开阔胸襟器识的目的，也有扩展声誉影响以求入仕的用意。本着"不飞则已，一飞冲天；不鸣则已，一鸣惊人"（《代寿山答孟少府移文书》）的宏愿，他没有参加常规的科举考试，而是希望通过朝廷的征辟和地方官的推荐进入仕途。他曾向荆州长史韩朝宗等人上书，希望得到他们的赏识和推介。另一方面也希图通过隐居山林以获取声誉。他先同元丹丘隐居嵩山，后又与孔巢父等五人隐逸徂徕山竹溪，号称"竹溪六逸"，企图借此实现其"申管晏之谈，谋帝王之术，奋其智能，愿为辅弼，使寰区大定，海县清一"（《代寿山答孟少府移文书》）的政治理想。这段时期，他过着纵情山水、诗酒逍遥的快意生活，创作欲望也空前旺盛，诗歌数量增多，在思想上、艺术上都达到了自成一家的境地，初步形成他感情强烈、想象丰富、形式自由奔放、语言清新活泼的诗歌风格。

开元十八年（730），他曾抵达长安寻求政治出路，但失意而归。天宝六载（742），42岁的李白终于得到玉真公主的推荐，被唐玄宗下诏征赴长安。"仰

李白像。唐代大诗人李白，字太白，号青莲居士，祖籍陇西成纪（今甘肃秦安），
生于西域碎叶。

李白《上阳台》手迹

天大笑出门去，我辈岂是蓬蒿人！"（《南陵别儿童入京》）写出了诗人当时的喜悦。他一到长安，八十余岁的名诗人、太子宾客贺知章见其气宇轩昂、骨格不凡，遂称其为"谪仙人"，经过贺的揄扬，李白的名声更加倾动京师。后玄宗召见，他受到非常隆重的礼遇。据说玄宗曾亲自"降辇步迎，如见绮、皓，以七宝床赐食，御手调羹以饭之（李阳冰《军堂集序》）。但玄宗只是赏识他的词章才华，他常让李白陪侍自己的宴会、巡游，把他当作一个点缀"太平盛世"的文学侍从。所谓"供奉翰林"，并无任何实际职任。李白渐感自己政治理想的破灭，他那种"揄扬九重万乘主，谑浪赤墀青琐贤"（《玉壶吟》）的傲岸态度也招到权贵们的嫉妒与恼怒。加上遭到驸马都尉张垍等小人的谗毁，玄宗对李白也逐渐疏远，李白遂意识到"谗惑英主心，恩疏佞臣计。彷往庭阙下，叹息光阴逝"（《答高山人兼呈权顾二侯》），于是上书请还，玄宗即命赐金放还。

从出蜀东游到奉召入京，到辞官离京，是李白诗歌创作趋于成熟的时期。此期间，李白诗作名篇叠出，代表作有《长干行》《横江词》《乌栖曲》《蜀道

《子夜吴歌》《古风·大车扬飞尘》《行路难》《梁甫吟》等。在著名的《蜀道难》中，他不仅采用了大量的神话、传说，而且运用了一系列比喻、夸张、神奇化等浪漫手法："噫吁嚱，危乎高哉！蜀道之难，于上青天！蚕丛及鱼凫，开国何茫然。尔来四万八千岁，不与秦塞通人烟。西当太白有鸟道，可以横绝峨嵋巅。……"一开始诗人就把我们带入渺茫寻的远古世界，通过蚕丛、鱼凫开国的历史传说，五丁力士拽蛇山崩的神话，写出蜀道天梯石栈、鬼斧神工、无比神奇。接下去的具体描写，极尽夸张、想象之能事，说山高则"天龙回日"，连善飞、善攀的黄鹤、猿猱都过不去，攀不上。至于悬崖万仞、云雨泥淖、峰回路转、百步九折，则更令人屏气息胁，抚膺长叹。结尾一段用"一夫当关，万夫莫开"的夸张，将叛乱分子比作"豺狼"、"猛虎"、"长蛇"，不仅再一次突出了蜀道行的主题，而且立意警策，发人深省。诗人的夸张和想象都是出于他抒发内心强烈感情的需要，是以他豪放率真的性情为基础的，所以人们读后并不觉得浮夸虚诞，而更容易受其炽烈感情的感染。在《行路难》其二中他写道："大道如青天，我独不得出！"他感到社会对自己的压抑、窒息，政治上又找不到出路，愤懑之情溢于言表。李白诗歌极具个性色彩，在他的诗中处处都留下了浓厚的自我表现的主观色彩。

唐置十节度、经略使

天宝元年（742），唐政府为巩固边防、抵御外侵，在所辖331州设置10个节度、经略使：安西节度主要安抚西域，统领龟兹、焉耆、于阗、疏勒，称为"安西四镇"，治所在龟兹城，领兵24000人；北庭节度负责防制突骑施、

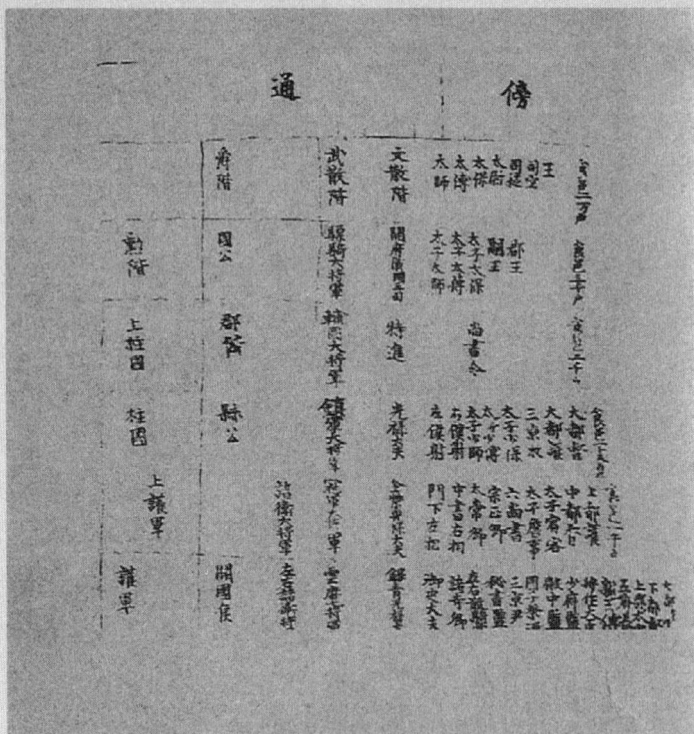

天宝官品令。甘肃敦煌莫高窟藏经洞发现。

坚昆，统帅瀚海、天山、伊吾三军，屯兵伊、西两州边境，设北庭都护府，带兵 20000 人；河西节度负责隔断吐蕃、突厥两族，统领赤水、大斗、建康、玉门、墨离、豆庐等八军和张掖、交城、白亭三地，治所设在凉州，领兵 73000 多人；朔方节度防御突厥，统帅经略、丰安、安远三军，带兵 65000 人；河东节度与朔方节度成犄角形抵御突厥，统领天兵、大同、横野、岢岚四军，有兵 55000 人；范阳节度统帅经略（今北京）、威武、清夷等九军，治所在幽州，

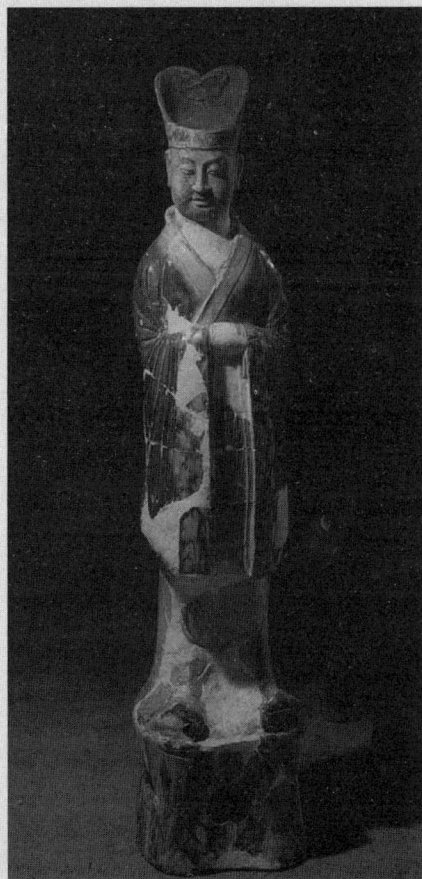

唐文官俑

唐武官俑

带兵 71000 人；平庐节度安抚宝韦、靺鞨，统领平庐、庐龙二军和安东都护府，治所在营州，有兵 37000 人；陇右节度防御吐蕃，统领十军和三守提，治所在鄯州，统兵 75000 人；剑南节度西抗吐蕃，南抚蛮獠，统治十三州之境，治所在益州，带兵 31000 人；岭南五府经略安抚夷、獠，统帅二军四管，治所在广州，领兵 15000 人。另外，还有长乐经略，属福州管辖，有兵 1500 人；东莱守提，属莱州治下；东牟守提，登州管辖，各有兵 1000 人。十节度、经略使设置后共镇兵 49 万人，马 8 万多匹。开元之前，全国每年供应边兵衣粮的费用不过 200 万；天宝年间，镇兵日益增多，每年制衣布料 1020 万匹，粮 190 万斛，军备开支大大增加。

西突厥降唐·东突厥势衰

天宝元年（742）八月，西突厥发生内乱，大部分将领率军投降唐军；东突厥遭到唐军围攻，国势衰弱。

东西突厥是北方威胁唐朝边陲的重要力量，一直被唐朝统治者引为大患。开元二十六年（738），西突厥突骑施莫贺达干部杀死可汗苏禄，都摩度部立苏禄之子骨啜为吐火仙可汗，和莫贺达干部对抗。突骑施部从此陷入内乱中。

开元二十七年（739）八月，唐朝碛西节度使盖嘉运攻占碎叶城，擒获突骑施可汗吐火仙；同时，又派疏勒镇守使兴拔汗那王攻占怛罗斯城和曳建城。九月，处木昆、鼠尼施、弓月等部脱离突骑施，投降唐军。

开元二十八年（740）四月，突骑施部都摩度降唐，六月，朝廷册封他为三姓叶护；十一

隋唐时期各族政权简表

公元(年)	西北	北方	东北	中 原	西南	西藏
580年	西突厥汗国	东突厥汗国		581年 北周 589年	陈	
				隋		
620年				618年		
		646年				
660年	657年			唐		吐蕃王朝
		682年				
700年		后突厥汗国	689年			
740年					738年	
		745年				
780年	(吐蕃)	回鹘汗国	渤海王国		南诏王国	
820年						
		840年				
860年	(回鹘)	(黠戛斯)				869年
900年				907年	902年	
			920年	923年 后梁	大长和 大天兴 937年	
940年		契丹		936年 后唐	大理	
				后晋		

隋唐时期各族政权简表

月，任命莫贺达干为突骑施可汗。至此，西突厥已大部分投降。

与此同时，东突厥内部也发生了矛盾。可汗常常以任用亲属分掌东西兵马，称为左杀、右杀。登利可汗左、右杀是他的两位从叔。开元二十九年（741），登利可汗怕两叔专权夺位，诱杀了右杀，自己统领右杀兵马。左杀判厥特勒起兵反抗，另立可汗，不久被杀，骨咄叶护自立可汗。

东突厥内乱之后，唐玄宗派左羽林将军孙老奴招回纥、葛逻禄、拔悉密等部落，联合攻打东突厥。天宝元年（742）八月，三部同时出击，杀死骨咄叶护，推举拔悉密酋长担任可汗。

突厥其他部落立判厥特勒之子为乌苏米施可汗，唐玄宗派使者晓谕他依附唐朝，乌苏不从。朔方节度使王忠嗣派大军联合回纥等三部共同出击。乌苏兵败远逃，王忠嗣出兵消灭了乌苏右厢兵马。不久，东突厥众多支系首领率部众先后投降唐军，东突厥从此一蹶不振。

九月，玄宗在花萼楼宴请突厥投降将领，赏赐丰厚。从此，东西突厥对唐的威胁大大减轻。天宝三载（744），东突厥被回纥所灭。

胡人控制兵权

　　唐朝兴盛以来，边关将帅都任用忠厚名臣，功名显著者常能入朝做宰相。李林甫任宰相以后，为了专宠固位，杜绝由边将入相的途径，竭力主张任用少数民族将领为边帅。因为他认为胡人不识汉字，不懂中原礼仪，不能担任宰相要职。

唐胡俑头像

唐猎骑胡俑

　　最早被任用的胡人边将是安禄山。开元二十九年（741），安禄山任营州（今辽宁朝阳）都督，并任四府经略使；第二年，平卢设置节度后，安禄山兼任平卢节度使；天宝六载（747），他又任范阳（今北京）、平卢节度使兼御史大夫；天宝九载（750）被赐山东平郡王爵，并兼河北道采访处置。至此，他一人掌握了大量兵权。天宝六载（747），因为平定小勃律有功，玄宗任命胡人高仙芝为安西四镇节度使。同年，河西、陇右节度使王忠嗣重用英勇善战的胡人将领哥舒翰、李光弼。天宝八载（749），王忠嗣因忤逆玄宗被贬，哥舒翰接任陇右节度使，安思顺接任河西节度使。天宝九载（750），朔方节度使张齐丘因克扣士卒军粮被贬，河西节度使胡人安思顺兼任朔方节度使。

　　至此，胡人安禄山、高仙芝、哥舒翰、安思顺等几乎把持了边关军权。天下精兵集中于北疆，外重里轻，安禄山借机叛乱，唐朝由盛转衰。

杨玉环立为贵妃·杨氏显贵

　　天宝四载（745）八月，唐玄宗册封杨玉环为贵妃，从此恩宠10余年，杨门也得以显贵。杨贵妃（719～756）蒲州永乐（今山西永济）人，小字玉环，从小丧父，在叔父家长大，后来入选寿王府，被封为寿王妃。

　　开元二十五年（737）玄宗宠妃武惠妃去世，后宫数千人再没有能使玄宗满意的人。于是有人推荐寿王妃。玄宗一见钟情，便授意她出家作女道士，号太真，又替寿王另娶一妃，不久将太真悄悄接入宫中。太真精通音律，擅长歌舞，而且聪慧敏捷，善解人意，深得玄宗宠爱。

　　贵妃受宠时，乘马时由宦官高力士执辔授鞭，有专职的700名织绣工人

宋摹本唐张萱《虢国夫人游春图》。张萱，唐代开元、天宝间享有盛名的杰出画家。在当时"唐尚新题"风气的影响下，画家采取现实中有典型意义的题材，创作了这幅主题突出的杰作，与大诗人杜甫的《丽人行》史诗交相辉映，有其深远历史意义。原作曾藏宣和内府，由画院高手摹装，再现虢国夫人挥鞭骤马、盛装出游，"道路为（之）耻骇"的典型环境。画面描写了一个在行进中的行列，人马疏密有度，人少胜多。作品重人物内心刻划，通过劲细的线描和色调的敷设，浓艳而不失其秀雅，精工而不流于板滞。原作已失，摹本犹存盛唐风貌，足堪珍视。

宋摹本唐张萱《虢国夫人游春图》卷（部分）

为她制衣，中外都对她趋炎附势，争献器物服饰珍宝。贵妃爱吃鲜荔枝，玄宗便每年命岭南驰驿送到长安，保持色味如新。贵妃两次忤旨被遣送回家，玄宗都心神不定、食睡不安，接回宫后宠待更深。

玄宗因宠爱贵妃，对杨家一门也大加青睐。他追赠玉环之父杨玄琰为兵部尚书；提升其叔父杨玄珪为光禄卿；任命其宗族兄弟杨铦为殿中少监、杨锜为驸马都尉；贵妃有三姊，玄宗分别封3人为韩国夫人、虢国夫人、秦国夫人，称呼她们为姨，任她们自由出入宫廷，入宫时连玉真公主等也要礼让三分。3国夫人与杨铦、杨锜等5家权重势高，不可一世，5家竞建宅第，奢华已极，耗资无数。

杨钊（后改名国忠），是贵妃从祖兄，因为不学无术而为家族所鄙视，只好到蜀中参军。贵妃得宠后，他昼夜兼行赶到长安拜访杨家姊妹，并赠送大批蜀中特产。结果不仅他自己得到高官厚禄，还能随意提携交好之人。杨国忠后来权倾朝野，祸国殃民数年。

五代周文矩《太真上马图》（局部）。杨贵妃足踏一小凳，在众人扶持下，正欲上马，她成为全图的中心人物。

自从太真被封贵妃后，杨氏家族倍受恩宠，声震天下，四方都来献物拜见，门庭若市。民间流传道"生男勿喜女勿悲，愿君看女作门楣"。

李林甫口蜜腹剑把持朝政

李林甫是唐代著名的奸臣。他任宰相时权倾朝野，把持朝政很长时间。他嫉贤妒能，不容许他人才望功名超过自己。凡是玄宗亲信的大臣，他都要想方设法除掉，而表面却装出一副友好的样子。世人都说他"口有蜜，腹有剑"。

户部尚书裴宽一直为玄宗所倚重。李林甫担心他位列宰相，因此，千方百计陷害他。当时，正好刑部尚书裴敦复大破海贼吴令光后回朝，因受人之请虚报军功，裴宽将这种情况上奏玄宗。李林甫知道后暗中告诉裴敦复，并教唆他揭发裴宽也曾因亲属之故托他的事。裴敦复于是用500两黄金贿赂杨太真之姊，私下告诉玄宗。天宝三载（744）十二月，裴宽被贬为睢阳（河南商丘）太守。

李林甫在朝中肆意妄为、铲除异己。唐玄宗却昏庸无道，一味信任、依赖他。玄宗自从开元二十四年（736）从东都回京后一直懒于巡幸。于是李林甫与牛仙客谋划以各地储粮充实关中粮仓，造成积蓄丰盈的假象。玄宗坐井观天，以为天下太平。天宝三载（744）十二月玄宗曾对侍宦高力士说，我不出长安已近10年，天下无事，我想将政事委托给李林甫，不知如何？高力士说："天下大权不能委托他人，否则那人威势已成就难以收场了。"玄宗听后很不高兴。高力士连忙谢罪。从此，高力士再也不敢对玄宗谈天下事，玄宗也少了一个能对他讲实话的人，李林甫不知觉中又少了个敌人。

天宝五载（746），李林甫数兴大狱，让酷吏吉温审讯疑犯，先后流放刑部尚书韦坚、罢贬左相李适之、杖杀赞善大夫杜有邻、左骁卫兵曹柳勣等多人。天宝六载（747）正月，又杖杀北海太守李邕，赐死皇甫惟明、韦坚兄弟。李适之忧惧，自杀身亡。

当时，玄宗想广求天下贤士，命通一艺以上的人都到京城测试。李林甫担心贤人广聚，令玄宗了解到他对天下所做的恶事，于是对应试者层层把关，百般刁难。在他的操纵下，地方推举的贤人在京师考试中无一人及第。李林甫连忙上表祝贺全国上下再无遗贤，可怜玄宗竟也听信了他的无稽之谈。王忠嗣身兼四镇节度使，功名日盛，李林甫担心他升为宰相，想要除掉他，适逢王忠嗣又向玄宗奏明安禄山谋反的意图，更令李林甫嫌恶。他借王忠嗣不愿攻打石堡城、玄宗不悦之机，大进谗言，想置王忠嗣于死地。幸亏王忠嗣的部下哥舒翰恳求玄宗明查，王才免于一死，被贬为汉阳太守。

杜甫入长安

天宝五载（746），杜甫怀着"致君尧舜上，再使风俗淳"（《奉赠韦左丞丈二十二韵》）的政治理想，来到长安，寻找施展抱负的机会，但迎接他的却是冷漠的现实。十年困守长安时期，使杜甫饱尝世态炎凉，也使他的创作走向成熟。

天宝六载，玄宗诏征文学家、艺术家到京都就选，杜甫参加了这次考试，但由于"口蜜腹剑"的中书令李林甫的阴谋破坏，应试者无一个入选。杜甫不断向王公大臣投诗干谒，写下《奉赠鲜于京兆》《奉赠韦左丞丈二十二韵》《赠翰林张四学士垍》等诗，表达自己的政治理想，希望得到他们的引荐，但毫无着落。他向玄宗进献《三大礼赋》《封西岳赋》《雕赋》，虽得到玄宗赞赏，但也没有很大作用。最后得到右卫率府胄曹参军这样的正八品下小官时，他已困守长安十年，诗人的理想一再碰壁，生活也越来越拮据。"朝扣富儿门，暮随肥马尘，残杯与冷炙，到处潜悲辛"（《奉赠韦左丞丈二十二韵》）的辛酸屈辱，与他"自谓颇挺出，立登要路津"的不凡抱负形成鲜明的对比。贫困的生活体验，使他与下层人民的思想感情十分贴近；当权者的排斥，使他对政治黑暗有了切身感受；他的性格也逐渐由清狂转入深沉。

这一时期，杜甫创作了一百多首诗，其中《兵车行》《丽人行》《前出塞》《后出塞》等名篇，从多方面反映了安史之乱前夕唐代社会的各种矛盾，表达了对人民的深切同情。他笔下描写了众多的下层人民，道出了人民的心声，更可贵的是他不只表面写出人民受苦的现象，而是进一步揭示出人民遭受苦的根源，一是赋税太重，二是贪官污吏盘剥，三是统治阶级奢侈浪费。在《自京赴奉先县咏怀五百字》中，诗人不仅揭露了"彤庭所分帛，本自寒女出，鞭挞其夫家，聚敛贡城阙"这样的客观事实，而且用"朱门酒肉臭，路有冻死骨"这样对比鲜明的形象画面对当时尖锐的贫富对立问题作了高度的艺术概括。这首诗即是杜甫对自己十年长安生活的总结，也展现了唐代盛世结束、危机四伏的社会图景。

杜甫这一时期的作品标志着他作为一个忧国忧民的伟大诗人的成熟，奠定客观写实的创作方向和沉郁苍凉的诗歌风格。

唐玄宗崇道

唐代道教兴盛。唐玄宗到了中晚年也开始崇尚道教。

开元二十九年（741），玄宗梦见玄元皇帝老子告诉他，愿与他一见，于是，他派使者求来老子画像放置兴庆宫中。五月，又令人画老子像分别放于各州开元观中。同年，他命令两京诸州各建玄元皇帝庙及推广玄学，让书生学习《老子》《庄子》《列子》《文子》等道家典籍，每年举行考试。

天宝元年（742）正月八日，陈王府参军田同秀投玄宗之所好，上奏说见过玄元皇帝，并知道灵符所在，玄宗马上派人在函谷关尹喜台找到灵符。群臣上表认为灵符暗藏年号，应改年号为"天宝"，玄宗同意。二月二十五日，玄宗在玄元庙祭祀老子，并赦免天下罪人，将田同秀升为朝散大夫。当时人们都怀疑灵符是田同秀伪造的。次年又出了个以同样手段取宠的崔以清，地方官疑心有诈，审问结果果然如此。但玄宗晚年昏庸，并不过分怪罪崔以清，只把他流放边地。天宝元年，玄宗将两京玄元庙改为太上玄元皇帝宫，并下诏追尊庄子为南华真人、文子为通玄真人、列子为冲虚真人、庚桑子为洞虚真人，他们的书都改称"真经"。天宝二年（743），玄宗又追尊老子为大圣祖玄元皇帝，改两京崇玄学为崇玄馆，设一名大学士（由宰相担任），统领两京玄元宫及道观，玄学设学生100人。天宝四载（745），玄宗下诏将《道德经》列于诸经之首，并命集贤院将《南华经》从子部论编入经部目录，视其为经典著作。唐玄宗晚年盲目崇尚道教，做出了许多荒诞可笑的事。他由早年的清明皇帝到晚年的昏庸君主，与笃信道教也是不无关系的。

唐玄宗开元投龙简。唐玄宗尊奉道教，凡祈福祈雨，有投
龙之举，以铜版刊刻告文，投入山洞或江湖。

高仙芝出任节度使

唐天宝六载（747）十二月，高仙芝出任安西节度使。

将军高仙芝是高丽人，善骑射、勇猛骁强，在安西从军后，节度使夫蒙灵詧推荐做了副都护、都知兵马使，充任四镇节度副使。天宝六载（747），高仙芝带步骑一万讨伐吐蕃。七月，队伍兵分三路来到吐蕃连云堡（今阿富汗）下。吐蕃也有守兵近万人，但没想到唐军从天而降，毫无应战准备，只能依山抵抗。高仙芝派郎将李嗣业破城。监军边令诚以为唐军已入吐蕃太远，不敢前进，高仙芝便令他带3千弱军守城，自己带兵前进。他收服了阿弩越城（今巴基斯坦），入城令小勃律君臣来见，小勃律王闻讯和吐蕃公主逃走。高仙芝杀死了依附吐蕃的大臣，随后又俘获了小勃律王和吐蕃公主。在回朝的路上，他便修好捷书擅报朝廷以争军功。到河西后，节度使夫蒙灵詧不但不迎劳，反而大骂仙芝：你这个高丽奴，你的官位都是我给的，如今打了胜仗都不先通报我待我处理就上报朝廷，罪该万死！高仙芝只是谢了罪，并不多言。十二月，因为平定小勃律有功，玄宗

开元二十六年（738）所建玄宗注道德经碑。八角经幢之各面刻着老子《道德经》及玄宗注文。

任命高仙芝为安西四镇节度使，诏夫蒙灵詧入朝。灵詧心存疑虑，然而仙芝仍一如既往的对待他。对于军中平日与自己作对的军将，仙芝都当面指责和解释，从此军中少有互进谗言的事。

高仙芝军中有位猗氏（今山西临猗）人名叫封常清。他少孤家贫，跛足，请求作高仙芝侍从，高仙芝不得已留下他。在追击会达奚部叛军一战后，封常清私自替高仙芝草拟捷书，高仙芝一看，都是自己想说的，心中称奇。他升为节度使后，便让封常清作判官，作战时负责留守事务。一次，仙芝乳母之子郑德诠倚仗与仙芝兄弟般的关系和在军中郎将的地位，冒犯了封常清，封常清不顾高家人的苦苦哀求，狠狠体罚了郑德诠。高仙芝知道后并不过问这件事，封常清也不谢恩。于是，封常清在军中树立了威信，军纪为之一振。

天宝九载（750）二月，高仙芝率军攻破揭师，俘虏揭师王勃特设，立他的兄弟素迦为王，从此，揭师向唐朝称臣，每年上贡。这年年底，高仙芝又进攻石国（今中亚塔什干），俘虏了国王和部众后凯旋。战争中掠得的石国财宝碧珠 10 余斛、黄金五六橐驼，他都收入家中，没有上缴朝廷。

哥舒翰以数万人代价攻克石堡城

天宝八年（749）六月，陇右节度使哥舒翰率兵攻克石堡城，唐军死伤数万人，俘虏吐蕃军400人。此役唐军付出了惨重代价。

石堡城又名铁刃城，位于赤岭东20里（今青海西宁市西南），是唐与吐蕃的交通要冲，也是唐防御吐蕃的军事重镇。天宝四载（745），陇右节度使皇甫惟明攻打石堡城，兵败被贬，王忠嗣继任陇右节度使。天宝六载（747），唐玄宗又准备派兵攻打石堡城，王忠嗣上奏，认为攻城时机未到，白白损失兵力，不如厉兵秣马等待时机。玄宗大为不满。另派自荐将领董延光率军攻城，玄宗派王忠嗣分兵协助，王忠嗣对此持消极态度。董延光兵败后上奏王忠嗣阻挠军机，玄宗大怒，在李林甫谗言下免去王忠嗣职务，令部将哥舒翰接任其职。天宝八年六月，玄宗动用陇右、河西、朔方、河东各军，共计军士63000人攻打石堡城。石堡城三面险绝，只有一个突破口，可谓"一夫当关，万夫莫开"。吐蕃兵只有数百，唐军前仆后继，但屡攻屡败，死伤无数。哥舒翰命裨将高秀严、张守瑜3日夺下城池，否则问斩。结果他们3日内如期攻克石堡城，俘获吐蕃军400人，唐军也死伤无数。

和阗地毯形成

唐代,我国新疆和阗地区人民开始用羊毛编织地毯,经过不断摸索和改进,终于形成具有地区特色的地毯工艺,称为和阗地毯。

和阗是著名的羊毛产区之一,羊毛光泽强、弹性好,手感柔滑,坚实耐用。相传,洛甫县人那克西万最早试着用羊毛染色织毯,被人们称为"地毯之祖"。考古工作者在新疆发现了世界上最古老的彩色栽绒毯,为民间传说提供了实物证明。和阗洛甫县一带,无论男女老少都能熟练地织毯,成为一大地区特色。

和阗地毯分为丝毯、栽毛毯和金银线编织加栽绒织毯三大类。丝毯经纬均用丝,织法细密烦琐,结扣紧凑严整,价格昂贵,供宫廷显贵使用。栽毛毯为棉经棉纬或毛经毛纬,毛绒拴马蹄扣,经纬股数不等,拴结方法也各有不同,结扣比丝毯稀疏,价格较低,因为厚度可达15至25毫米,多为百姓御寒防潮之用。金银线编织加栽绒丝毯是一种高贵的地毯,以金线或银线合捻,在丝质经线上盘编成辫状作地纹,以彩色丝绒起花纹,富丽绝伦。这种精美的手工艺品进贡到朝廷后,不能直接铺在地上,而要铺在专门的棕毯上以免损坏,宫廷里甚至设置专门的棕匠编织棕毯。

和阗地毯与宗教关系紧密。公元八世纪以前,和阗地区佛教盛行,这一时期生产的地毯纹样带有浓厚的佛教艺术特色。天宝十载(751),唐将高仙芝为大食军所败,接着朝廷又因安史之乱无暇西顾,伊斯兰教势力趁机侵入,公元十世纪时,当地居民完全信奉伊斯兰教。伊斯兰艺术风格的图案,也就成为和阗地毯纹样的新特色,但由于传统上佛教图案的影响,仍与纯粹的伊斯兰艺术有区别。例如伊斯兰图案忌用有眼睛的动物形象,而和阗地毯纹样却无此禁忌。

和阗地毯纹样和阿拉伯、中亚、小亚细亚地区的纹样相近，同属东方类型。图案以几何组合型为主，采用数层花边，中间多呈菱形框架，内外布满细碎的几何图案、直线形花卉图案或满地缠枝花开图案，花纹有石榴花、四瓣玫瑰花、莲花、蝴蝶以及"卐"字纹、云纹、回纹等，花中套花，花外有皮，瓣中套瓣，图案紧凑，空间匀密。和阗地毯采用核桃皮、石榴皮、红花、蓝草等植物染料染色，以葱绿、蛋青、深红、蓝、黑等绒线织出鲜艳的花纹，十分美观。

和阗地毯声名远播、中外流行。和阗毯大部分运往疏勒（又名喀什嘎尔，现名喀什）销售，故又名疏勒毯或喀什嘎尔毯。历代和阗地毯都是宫廷中的珍品，直到清代，紫禁城、圆明园、颐和园、热河行宫等处都常使用新疆地区进贡的地毯。

笔记兴起

中唐以后，官修史书的效能大为减弱，私家撰述史书的机会增多。这些私家史书多以历史笔记的形式出现。多数具有较高的史料价值，同时，笔记的勃兴，直接影响了五代及两宋以后的笔记创作，意义十分深远。

历史笔记是一种相对独立的史学著作，往往与历史互为参照，补足正史的某些欠缺，而且体裁众多，形式多样。在唐代的笔记发展中，晚唐是一个重要的阶段，一般认为是笔记的勃兴时期。鲁迅《中国小说史略》第十章《唐之传奇集及杂俎》中列举的十几种书，多是晚唐人所作。

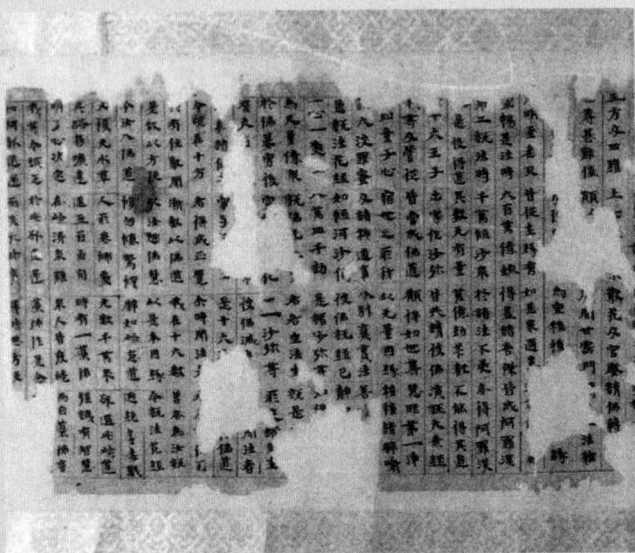

唐残字纸

这一时期的历史琐闻笔记因作者的身份、见识、兴趣、视野的不同而具有各自的特点和价值。但这些书多涉及人物、事件、制度、以及学术文化、生产技艺、社会风情、时尚所好等，或多或少地从某一侧面反映了当时的历史面貌。现存的这一时期的历史琐闻笔记很多，比较真切地反映唐代历史事件的有《隋唐嘉话》，记录南北朝至开元年间的情况；《朝野佥载》，主要记录唐初至开元时事，以记武则天时事最为翔实；《国史补》，记开元至长庆年间事；《因话录》，记玄宗至宣宗朝事；《幽闲鼓吹》、《方溪友议》、《唐阙史》、《北梦琐言》，记唐末事。这些笔记作者都有为正史拾遗补缺的史学意识，使著作具有了记事的严肃性特点。李肇的《国史补·序》可以说是这种思想的总括和这类笔记成熟的重要标志。

作品对历史的记录不及正史系统，但在揭示时代特点和社会风貌方面，因很少受到来自官方的拘束，显得大胆而真实，客观性较强，而且言简意赅。如《隋唐嘉话》记李守素精于谱学，被人称为"肉谱"，虞世南称王为"人物志"，记高宗的情况客观地反映了盛唐时期的门阀风气。此外，晚唐笔记的一个突出特点就是不是为唐王朝唱赞歌，而是一曲腐败、衰落的挽歌。《国史补》中的《汴州流佛》《韦太尉后教》《王锷散财贷》《御史拢同州》等条目，写出了中唐时期文武官史贪赃枉法，贿赂公行的丑恶行径；《京师尚牡丹》、《叙风俗所侈》等，则生动地刻画德宗朝及以后贵族生活的奢靡和腐败。

安禄山势力膨胀谋反叛

天宝七年（748），安禄山就获李隆基所赐宝封，两年后又任东平郡兼河北节度使，又一年，一身兼任三地节度使，傲视地方，不可一世。此时唐盛已久，国人早已忘战，而朝廷之内，李隆基年寿已高，围着杨贵妃团团转，李林甫当道，纲纪大乱，他们似乎都没意识到，一场阴险的谋反正在步步逼近。

天宝十二年（753），杨国忠任宰相，安禄山蔑视地公开对众人说："就凭那个老家伙也配当宰相！"杨国忠闻言，自是怒火冲天，却不向外声张，两人暗地里扳起了手腕。

安禄山对偌大一个内质正变的唐朝，早已虎视眈眈。在军事上，他豢养了同罗、奚、契丹等战俘8000余人，还有百余骁勇善战的家僮；经济上，由于可自铸铜钱，财源早已滚滚，同时又派遣手下胡人四处行商，每年获利数以百万计；另外，又招高尚、史思明等人作心腹部将，随时准备举兵进攻了。

天宝十三年（754）正月，杨国忠又借机向唐玄宗说安禄山坏话："陛下，安禄山这人杀气腾腾，必有谋反之意，不可不大力治罪。"玄宗正被杨贵妃的"妃子一笑"弄得神魂颠倒，哪里听得进去。杨国忠只得又说："陛下若不信，可召安禄山入朝，他必定心中有鬼而不敢来！"玄宗将信将疑，便依言下诏，怎知安禄山心里的"鬼"比天还大，二话没说，立即到殿，拜倒在玄宗面前哭着说："我是胡人，被杨宰相所看不起，我距离死的日子大概不远了！"眼泪骗过了玄宗。自此之后，玄宗更加信任安禄山，尽管太子等人亦说安有谋反之意，玄宗却一点也听不进了。

玄宗不断加封安禄山为左仆射、闲厩、陇右群牧等职，安一时成为殿前红人，益发得意。754年2月又要求玄宗破格赏赐其手下部分将士，玄宗亦许。安禄山借玄宗之手收得了将心，打好了造反的根基。

　　唐玄宗声色犬马，杨国忠腐败执政，老百姓惯于太平，貌似平静的社会表层下，已经隐藏着一触即发的危机了！

唐人口到达顶峰

　　唐天宝十三载（754），唐代人口达到最盛时期。

　　当年，根据户部的统计数字，唐朝有 321 个郡，1538 个县，乡 16829 个，9069154 万户人家，人口达 52880488 万之多。户数和人口数都达到了前所未有的顶峰。户口的极盛是和当时的政治经济分不开的。当时的唐朝虽是奸佞当道，然而国力尚盛，外族只有进奉，不敢轻言入侵。太平盛世，百姓安居乐业，人口数量达到顶峰也就不足为怪了。

唐女立俑

杨国忠拜相

　　玄宗后期，不问朝政，声色犬马，李林甫当道，粉饰太平，偌大一个唐朝，已逐渐滑向衰败的深渊。天宝十一载（752），李林甫病死，杨国忠拜相，依然媚事左右，迎合玄宗，杜绝言路，掩蔽聪明，唐朝腐败黑暗之象，无以复加。

　　杨国忠，唐蒲州永乐（今山西永济）人，杨贵妃堂兄，本名钊，天宝九载（750）玄宗赐改名国忠。

　　杨国忠嗜好赌博饮酒。30岁时参加蜀军，后来，杨贵妃得宠，真正是"炙手可热势绝伦"。剑南节度使章仇兼琼正苦无后台，见状当即怂恿杨国忠赴长安，并提供大笔钱财让他去贿赂众官。有道是"有钱能使鬼推磨"，杨国忠果然得到了玄宗亲封的京官之职，杨国忠善迎奉，皇上好恶，一应俱知，因而玄宗以为他有才能，将其步步提升，数年之内已领15职。天宝七载（748）更升至给事中，杨家势倾天下、穷奢极欲、挥霍奢靡，杨国忠开始与李林甫正面争夺朝政大权了！

　　杨国忠不断一本正经地向玄宗说李林甫的坏话，并利用贵妃得宠之机，屡屡向玄宗刮起"枕边风"，玄宗于是开始逐渐疏远李林甫而重视杨国忠。天宝十一年（752），李林甫病重，杨国忠前往拜谒，林甫自知大势已去，流着泪对国忠说："我就要死了，公必为相，将以后事累公！"杨国忠以为林甫已洞悉其奸，连声说不敢当，汗流满面。

　　天宝十一年（752）十一月十二日，李林甫死，杨国忠拜相。

　　杨国忠为人强辩而轻躁，拜相后以天下为己任，裁决机务，果敢不疑，颐指气使，自皇太子以下，人人畏之，杨家兄妹，势倾天下。

唐黑釉小壶

　　杨国忠为显示自己精敏，曾私专选事，将本由门下省审批、三注三唱、经历春夏两季才可完成的选事权改由自己圈定，天宝十二载（753）正月，杨国忠亲自唱注选人，一日而毕，但所选之人资质相差极远，门下各官大眼瞪小眼，但没有一人敢申说。

　　杨国忠对李林甫当初与他的争夺怀恨在心，虽林甫已死，亦觉不解恨，于是便向玄宗诬陷李林甫曾与谋反的阿布思约为父子，玄宗闻之大怒，将李林甫子孙有官的都除名，并流放岭南蛮夷之地，又下令剖开林甫棺木，收回口中的珠及身上的金紫衣，用小棺以平民礼节下葬。林府一片哭泣之声，杨国忠暗自奸笑。

　　杨国忠之子杨暄去考明经试，得了个不及格，主考官达奚珣在揭榜前夕，面对着这个令他头痛的名字，但觉举笔有千斤重，便使人探听国忠口风，国忠大怒说："我儿子的富贵还用得着你们这些鼠辈讨好！"达奚珣倒吸一口凉气，不得已定杨暄为上第。

　　国忠权重一时，只有进士张象不以为然，说："你们以为倚靠国忠如泰山，我以为是冰山。"果然，至德元年（756），安史兵变，杨国忠在潜逃中为兵士所杀，冰山消融，嚣张不再。

鉴真东渡

　　天宝十二年（753），鉴真和尚随日本遣唐使东渡日本弘法。第六次东渡成功。

　　鉴真和尚（688~763），扬州江阳人，俗姓淳于。14岁出家为僧。他到过东都洛阳和长安，跟随高僧受中宗礼聘，为中宗解经，并在洛阳、长安讲道。

　　天宝元年（742），在中国已有10年的日本高僧荣睿、普照等从洛阳至扬州，访谒鉴真，恭请鉴真东渡日本传戒弘法。从天宝二年到天宝九载（743 ~ 750），鉴真先后5次东渡或准备东渡，都因种种原因而失败。

　　鉴真一行由扬州出发到苏州，在苏州改乘遣唐副使大伴古麻吕船东渡。同年十二月抵达日本，受到隆重欢迎。鉴真到日后，次年（754）四月为圣武天皇等授戒。天宝十四载（755），又在东大寺坛院授具足戒。同年，日建唐禅院，使鉴真居之。圣武天皇死后，日以供御大米、盐供奉鉴真。代宗广德元年（763）五月，鉴真圆寂于招提寺。鉴真东渡，不仅对日本佛教，而且对日本的医药、建筑、雕塑诸方面发生重要影响，为中日文化交流史上重要事件。

鉴真坐像。此像是鉴真弟子忍基等人按其真容制作。鉴真席地盘膝而坐，类似佛的结跏趺坐；双手上下相叠于腹前，为禅定姿态。容貌清瘦苍劲，双目翕合，表情宁静安详，表现了进入禅定时澄沏空明的心境。造型手法极写实，形象真实生动，是很好的人物肖像作品。此像至今供奉在唐招提寺开山堂内，被视为日本的国宝。

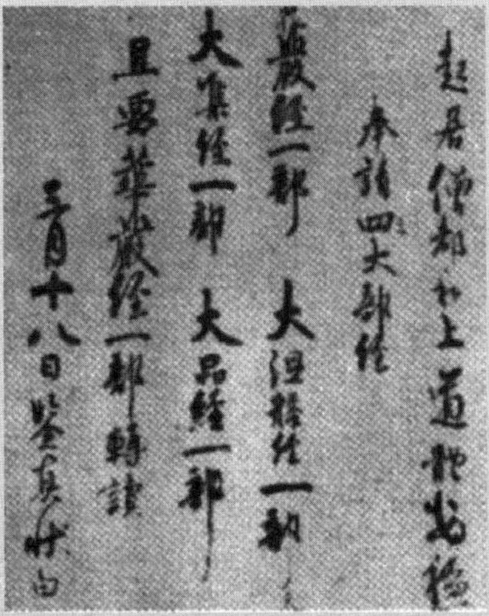

鉴真和尚手迹

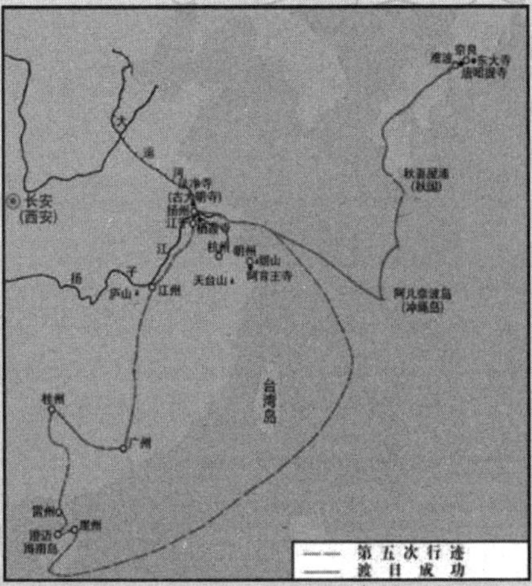

鉴真东渡成功路线图

唐招提寺。鉴真在日本生活了十年，于唐广德元年（763）病故于奈良唐招提寺，终年76岁，葬于寺内。图为759年鉴真同弟子设计建造的唐招提寺。

日本《东征绘传》中描写鉴真和尚准备登船的情景（局部）。

高仙芝败于大食

天宝十年（751），安西节度使高仙芝在大食大败，唐朝从此失去了对中亚诸国的控制能力。

天宝九年（750），高仙芝率军征讨石国（在今乌兹别克境内）。石国势力单薄，国王举手投降，却被唐军斩杀。石国王子逃经西域诸国。西域诸国闻讯后秘密商议，决定联合起来，和大食一起进攻唐军。

天宝十年（751）四月，两军战于怛罗斯，相持5日，各有伤亡。忽然唐军中阵势大变，但见旗帜倒向，帐篷火起，一彪人马杀回头来——原来是唐军中的突厥葛逻禄部临阵倒戈！一时唐军大乱，慌不择路，互相践踏，士卒死伤大半。左威卫将军李嗣业见大势已去，死死保住高仙芝，乘夜色苍茫拼命逃遁，而途中人马堵塞，后退甚慢。李嗣业遇人杀人，遇马毙马，高仙芝终于在血路中拣得一条性命。

唐代大食人立俑

安史之乱爆发

　　天宝十四年（755）十一月，安禄山于范阳起兵反唐，引军南下。

　　本年四月，杨国忠派兵包围安禄山在京住宅，捕杀其在京门客，以促使安禄山谋反之意暴露。果然，安禄山闻在京门客被杀，谋反日急。六月，李隆基以皇子成婚，手谕安禄山进京观礼，安禄山称疾不至。七月，安禄山上

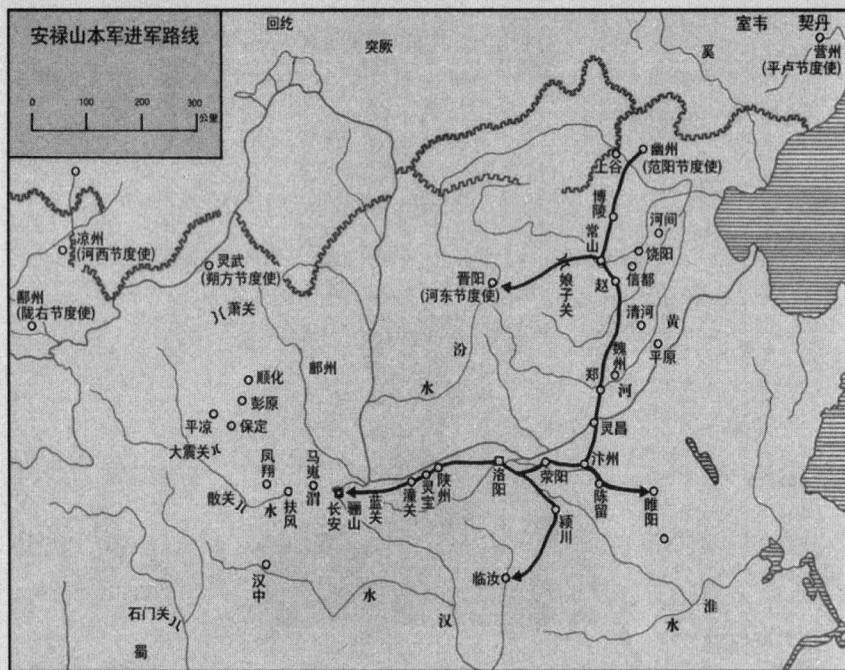

安禄山拳军进军路线图

表言献马 3000 匹，押运兵将竟达 6000 多人。河南尹达奚珣怀疑安禄山将藉此叛乱，奏请火速下诏，禁安禄山兵马入京。

至十月，安禄山召集部将，说："现有密旨，令我率军入朝诛杨国忠，众将随我前行。"众将愕然相顾，莫敢异言。本月，安禄山发所部兵及同罗、奚、契丹、室韦兵，计 15 万，号称 20 万，反于范阳。命范阳节度副使贾循守范阳，平卢节度副使吕知海守平卢，别将高秀岩守大同，三将率兵乘夜出发，各赴所守之城。第二日，安禄山大阅誓众，并在军中传令：有异议煽动军人者，斩及三族。然后引军向南。安禄山乘铁舆而行，步骑精锐，烟尘千里，鼓噪震地。由于承平日久，百姓不谈兵革，猝闻范阳起兵，远近震骇。

河北（辖境相当于今北京、天津、河北省、辽宁省大部、河南和山东古黄河以北地区）为安禄山辖区，叛军一路而行，各州县望风瓦解。安禄山一身兼任三镇节度使，早就预谋反唐叛乱，只是因为玄宗待之有恩，所以想等玄宗死后作乱。杨国忠与安禄山交恶，屡次在玄宗面前言禄山有反心，玄宗不听。

李隆基急召朝臣计议。并命特进毕思琛至洛阳、金吾将军程千里至太原，各募兵数万人抵拒叛军。命安西节度使封常清为范阳、平卢节度使，火速募兵，以拒叛军。又令郭子仪为朔方节度使，王承业为太原尹；同时，令置河南节度使，以张介然任之，领陈留等 13 郡。令各就其位，阻遏叛军。又以荣王琬为元帅，高仙芝为副元帅，出内府钱帛，于京师募兵 11 万，号天武军，东征安禄山。

在本月底，唐官军与叛军开始接战。但唐官军多为临时召募而来，毫无战斗力，与叛军一触即溃。下月，安禄山大军自灵昌渡河，继而攻占灵昌。随后攻占陈留，斩至陈留仅数日的张介然及降卒万人；留李庭望驻守，大军继续南下。不久抵荥阳。荥阳又陷，叛军距京师已仅 1105 里。安禄山杀荥阳太守崔无陂，令武令珣驻守，大军再南下，攻逼东都洛阳。唐官军封常清部与叛军数次激战，均大败。洛阳陷，封常清率残兵破城墙而逃，与高仙芝会合。二人担心叛军破潼关攻长安，率军急速赶至潼关固守，但因奸人谗言，封、高二人以讨逆无功被斩，其大军不久由哥舒翰统领。李隆基令哥舒翰统各路官军收复洛阳，安禄山闻之，亲率大军往攻潼关。至新安，闻河北有变，遂赶回救援。

在河北已成为安禄山的后方时，河北各郡勤王军蜂起。平原（今山东德州）太守颜真卿召募勇士1万人，举兵讨逆。与此同时，清池尉贾载、盐山尉穆宁与长史李昕杀安禄山所委官吏起兵。不久，饶阳太守卢全城、河间司法李奂等也起兵，各拥兵万余。众公推颜真卿为盟主，联合作战，以讨叛军。颜杲卿（颜真卿从兄）为常山太守，与参军冯虔、藁城尉崔安石等人联合起兵，用计捕杀安禄山大将李钦凑、高邈、何千年。同时遣人策动各郡起兵响应。于是，诸郡蜂拥而起，17郡皆归朝廷，合兵20万，只余范阳、卢龙、密云、渔阳、汲、邺6部仍归安禄山。河北诸郡的讨叛战争有力牵制了安禄山的军事力量，使唐正面讨叛军稍有喘息之机。

郭子仪、李兴弼成名

郭子仪、李兴弼在反安史叛变中成名，成为中兴名将。天宝十四年（755）十二月十九日，玄宗因功加郭子仪御史大夫。又命郭子仪罢围云中，还朔方，集兵力进取东京，并选良将一人帅兵出井陉，定河北。子仪遂推荐李光弼，至德元年（756）正月九日，以光弼为河东节度使，分朔方兵一万人由其帅领。

至德元年（756）二月二日，加李光弼为魏郡太守、河北采访使。李光弼统领蕃、汉步骑万余人、太原弩手3000人出井陉，二月三日，至常山，解饶阳之围。

李光弼败史思明于常山解饶阳之围后，两军相持40余天，思明遂绝常山粮道，城中缺草，马无饲料。光弼派500辆车至石邑（今河北石家庄西南）取草，押车士卒皆衣甲胄，以弩手千人护卫，为方阵而行，叛军欲夺而不能。叛将蔡希德率兵攻石邑，张奉璋击退之。此时郭子仪已从朔方增选精兵进军于代州（今山西代县），光弼遂遣使求救于子仪，子仪即帅兵自井陉出。至德元

宋李公麟《免胄图》，描述郭子仪单骑退敌情景。

年（756）四月九日，至常山与光弼会合，蕃汉步骑共 10 余万。四月十一日，子仪、光弼帅军与叛军大将史思明战于九门（今河北正定东南）城南，思明大败，率残兵逃奔赵郡（今河北赵县）。

　　郭子仪、李光弼收兵还常山，史思明收罗散卒紧跟其后，子仪乘叛军疲时挑战，败之于沙河（今河北新乐、行唐之间）。至德元年（756）五月二十九日又与叛军战于嘉山（今河北曲阳），大败之，杀 4 万余人，虏千余人。思明坠马，露髻跣足而逃，奔于博陵（今河北定州），光弼遂帅兵围博陵，军声大振。于是河北十余郡纷纷响应，杀叛军守将而归顺朝廷。

哥舒翰兵败潼关

天宝十四年（755）十二月末，玄宗因哥舒翰有威名，且与安禄山有矛盾，拜为兵马副元帅，并以田良丘为御史中丞，充行军司马，起居郎肖昕为判官，蕃将火拔归仁等各率部落兵以从，加高仙芝旧兵，共20余万，军于潼关。

哥舒翰因病不能料理军务，把军政大事全委于田良丘，良丘不敢专决，又使王思礼统骑兵，李承光统步兵。二人争权，不能统一指挥。哥舒翰用法严厉而不恤士卒，所以军无斗志。

哥舒翰与叛军在潼关相持，潼关是唐王朝首都长安的大门，安禄山攻潼关不下，遂用诈使人散布说，叛将崔乾祐在陕郡（今河南陕县、三门峡）的兵力不满4000，皆羸弱无备。玄宗知后，遂催促哥舒翰出兵收复东京。哥舒翰不得已，至德元年（756）六月四日，抚膺恸哭，帅兵出关。六月七日，遇安禄山大将崔乾祐之军于灵宝西原。乾祐据险以待，南靠山，北阻河，中间是隘道70里。这时崔乾祐故意出兵万人，什什伍伍，散散漫漫，或疏或密，或前或退，唐军皆望而笑之，以为乾祐不会用兵。其实乾祐聚集精兵，陈于其后。哥舒翰军放松警惕，叛军遂出其不意，发动伏兵，乘高滚下木石，击杀唐军士卒甚多。道路窄小，士卒拥挤，刀枪皆施展不开。正好中午刚过，刮起东风，乾祐把数十辆草车塞在毡车之前，纵火焚烧。顿时大火暴起，烟雾遮天，唐军连眼也睁不开，自相残杀。这时乾祐又派同罗精锐骑兵从南山

唐李昭道《明皇幸蜀图》轴。绢本设色。画为青绿设色，崇山峻岭间一队骑旅自右侧山间穿出，向远出山栈道行进，前方一骑者着红衣乘三花黑马正待过桥，应为唐明皇（玄宗），恰是："嘉陵山川，帝乘赤骠起三骏，与诸王及嫔御十数骑，出飞仙岭下，初见平陆，马皆若惊，而帝马见小桥，作徘徊不进状。"嫔妃则着胡装戴帷帽，展示着当时的习俗。中部侍、驭者数人解马放驼略作歇息。山势突兀，白云萦绕，山石有勾勒无皴法，设色全用青绿。该画传本较多，此图虽可能为宋代传摹本，但比较接近李思训父子画派的风格。李昭道，字建，盛唐人，李思训之子，亦工着色山水，与其父同享盛名；官到太子中舍，虽不至将军，画史亦称小李将军。他能"变父之势，妙又过之"，为历代所称颂，《唐朝名画录》则称他画的山水、鸟兽"甚多繁巧，智慧笔力不及思训"。他生活于唐玄宗时代，有可能画安史之乱时明皇避难入蜀的题材，《明皇幸蜀图》体现了二李画派的典型风格，时代特征明显，是反映唐代山水画面貌的重要传世作品。

骑马胡俑

冲杀过来，出唐军之后，唐军首尾大乱，不成队伍，无法再战，被叛军打得大败。哥舒翰只与部下数百骑，从首阳山（今山西永济）西渡过黄河入关。六月九日，崔乾祐攻克潼关。

哥舒翰后被部将缚送安禄山。

唐玄宗奔蜀·诸杨死于马嵬驿

天宝十五年（756）六月，潼关失守，哥舒翰叛降，长安大乱，唐玄宗与贵妃姐妹、皇子、皇妃、皇孙、杨国忠、韦见素等仓惶奔蜀，军至马嵬驿时发生兵变，杨国忠被杀，杨贵妃亦被缢死。

六月十四日，玄宗与随从逃至马嵬驿（今陕西兴平西），禁军将士因饥饿疲劳，皆愤怒。军士杀死杨国忠，并杀其子户部侍郎杨暄及韩国、秦国夫人。这时御史大夫魏方进说：你们怎么敢杀宰相？军士又杀之。韦见素闻乱而出，为乱兵所挝，脑血流地。士卒们包围驿站，玄宗听见喧哗之声，问以何事，左右人说是杨国忠反。玄宗遂杖屦出驿门，慰劳军士，令整队，军士不答应。玄宗又使高力士问之，陈玄礼回答说："国忠谋反被诛，贵妃不宜供奉，希望陛下割恩正法。"玄宗说："我自会处置。"入门后，倚仗倾首而立。过了一会，京兆司录韦谔上前进言说："现在众怒犯，危在旦夕，愿陛下速决。"并叩头流血。玄宗说："贵妃常居深宫中，怎么能知国忠谋反之事呢？"高力士回答说："贵妃是无罪，但禁军将士已杀国忠，贵妃在陛下左右，将士心不自安，愿陛下三思，禁军将士安则陛下安。"于是玄宗命高力士引贵妃至佛堂，缢杀之。然后与尸体置于驿庭，召陈玄礼等人入看。玄礼看后才免胄释甲，顿首请罪，玄宗慰劳之，令告谕军士。玄礼等皆呼万岁，再拜而出，于是整顿部队准备继续行走。

马嵬驿之变后，李隆基欲再西行，父老拦路请留。李隆基遂分后军3000人给太子，令太子破逆贼，复长安。此后，太子北进至灵武（今宁夏灵武西南），李隆基南入成都。

唐明皇幸蜀闻铃处。在梓潼县20公里处，有一上亭铺古驿站。唐玄宗离京后
在此暂停，夜半忽闻铃声叮当，以为追兵又至，大惊而起。后来发现"叮当"
之声是檐下铜铃在风中作响，才知是一场虚惊。